中村好文　普通の住宅、普通の別荘

中村好文
普通の住宅、普通の別荘

雨宮秀也／写真

TOTO出版

もくじ

まえがき

エンケルとパティーナ

中村好文

少年時代、シャーロック・ホームズのシリーズは私の愛読書でした。愛読書といっても他愛のない推理小説ですから、事件の概要と犯人がわかってしまえば何度も読み返すようなたぐいの本ではないのですが、コナン・ドイルの、あのなんとも言えない講談めいた語り口と、それによって醸し出される19世紀末のロンドンの雰囲気に心惹かれ、繰り返し読み耽ってきたのです。

なかでも私が好きだったのは、ホームズとワトソンの住んでいるベイカー・ストリート221—Bの下宿屋に、面倒な事件に巻き込まれた依頼人《クライアント》が訪ねてくる書き出しの部分でした。ホームズが、初対面の依頼者の服装や、持ち物や、話し方や、仕草などを素早く、そして鋭く観察することで、たちどころに訪問者がどのような経歴の人物で、どのような職業で、どのような悩みをもった人物かを推察し、ものの見事に言い当ててしまうところに大いに胸をときめかせました。ときには「いくらなんでも強引な推理だなあ」と思ったりはしましたが、そこは子供のこと「大人になったらホームズのような私立探偵になりたい！」と、ホームズという人物と探偵という職業にひそかに憧れの気持ちを抱いたのでした。

しかし、結果的にその夢は叶いませんでした。私は私立探偵にはならず、かわりに、主に個人住宅を設計する建築家になりました。ところが、そうなってみると、建築家という職業が探偵の仕事に実によく似たところがあることに気付かされ、これまで何度も膝を打つ思いをしてきました。

たとえば、ある日突然、見ず知らずのクライアントが階段を上がって訪ねてくるところが似ていますし（私の事務所は酒屋の三階にあり、階段を上る訪問者の靴音が聞こえます）、そのクライアントによってもち込まれる依頼の内容に、とうてい一筋縄では解決できそうにない難問（たとえば、第一種住居専用地域にある二〇坪そこその敷地に、狭苦しくならない感じで二世帯住居をつくり、車と大型バイクと子供用の自転車を置き、できれば草花を育てる庭があると嬉しい。可能な限りローコストで……というような）が多いというのも、そっくりです。また現場に出掛けていって方位や風の向きを調べたり、周囲の家々の窓の位置などに抜かりなく目を配ったりするところなんかも似ていますし、ポケットに巻き尺や虫眼鏡を忍ばせているところ（これは私の老眼が進んでいるせいですが）も似ています。

まだまだあります。あるときホームズは、妙齢の女性依頼者から仕事に対する報酬について尋ねられ、こう応えます。

「報酬について自分なりの規定をもうけていますが、私にとっては、仕事そのものが報酬なのです」

フェミニストのホームズらしい、ちょっと気障《きざ》なセリフですよね？　実を言いますと、住宅設計もお金儲けとはとんと縁のない仕事で、時には「仕事そのものが報酬！」と割り切ってかからなくてはやってられないところがあります。こんなところも、とてもよく似ていると思うのです。こう書いてくると、先ほど「夢は叶いませんでした」と書きましたが、少年時代の夢の半分ぐらいは叶っていたことになるかもしれません。

住宅を設計する際、建築家がまず最初にしなければならないのは、クライアントのことを「よく知る」ことだと思います。そして同時に、クライアントが潜在的に望んでいる住宅像について、設計に取り掛かる前に、正しく、明確に見定めておくことです。このためには、それこそシャーロック・ホームズばりの観察力と想像力が必要になるのです。とはいっても「クライアントがどのような家を望んでいるか？」までは、いくら観察力と想像力を働かせても、そう簡単にわかるものではありません。

では、どうするかといいますと、私の事務所の場合、設計をスタートする時点で、クライアントからこれから新築しようとしている住宅に対する具体的な希望や、抽象的な希望のあれこれを「要望書」として出してもらうようにしています。

話が前後しましたが、要望書をもらうのは、それ以前にいくぶん「お見合い」の雰囲気に似ている初対面の「顔合わせ」を済ませ、住宅に関する基本的な意見交換をした後、お互いに「この建築家なら自分の家の設計をまかせてみよう」「このクライアントの住宅に精一杯、取り組んでみよう」と、双方の気持ちがピッタリ合い、「家づくり」が本格的にスタートしてからのことです。

私にとってクライアントの要望書は設計の直接的なヒントになると同時に、クライアントの人柄を知り、理解するためのかけがえのない手段です。また、クライアントにとって要望書は、建築家に家の希望を伝えるだけではなく、自分たち家族全員が、新しい家ではどのように暮らしていこうとしているのか、もっといえば、今後、どのような生き方をしようとしているのかをあらためて考えてみるまたとない契機になるものです。

ところで、「要望書」といっても、とくに書式のようなものはなく、自由に箇条書きにしてもらいます。たとえば、あっさりしたクライアントなら簡単なメモ書きで……、「街並みに調和する穏やかで品格のあるたたずまいの家を希望。大らかで居心地のいい居間、朝日のサンサンと入る食堂、機能的でコンパクトな台所（システム・キッチンのショールームのようによそよそしいのは苦手です）、大きめのウォーク・イン・クロゼットの付いた主寝室、子供部屋ふたつ、明るくて清潔な水回り（トイレは一階と二階にひとつずつ欲しい）。家族全員が読書好きなので、本棚をたっぷり。外部、内部とも仕上げは簡素でよいが、可能な限り自然素材で……、完成希望は○年○月ごろ、予算はかくかくしかじか、あとはすべておまかせします」といった具合。

逆に新居に対する思い入れと、家の細部に至るまで特別なこだわりのあるクライアントなら、Ａ４サイズのレポート用紙に、ワープロで清書した家族ひとりひとりの紹介も盛り込んだ要望事項の束を、耳をそろえて二五枚！、といった具合です。つまり、それこそ百人百様の内容と書式の要望書が私の手元に届くことになるわけです。そして要望書というものは、短かければ想像力を働かせる愉しみがあり、長ければクライアントをより具体的に理解することができて、どちらもなかなか愉しめる読みものなのです。

もちろん、愉しんでいるだけではありません。その要望書の文章と文章との間、すなわち行間には、クライアントの人柄や、生活習慣、趣味嗜好をはじめ、ときには生き方の姿勢や人生観までもが滲み出るものです。そしてそのすべてが設計する際の重要なヒントになるのですから、見落とすことのないよう担当するスタッフともども、じっくり読み込んでおかなくてはなりません。

これまで私がもらった要望書の中には、簡潔でありながら、その内容の濃さと深さにおいても、表現の的確さにおいても間然するところのない「要望書の模範解答」と呼びたくなるものがありましたし、全編に穏やかなユーモアと卓抜な言いまわしが散りばめられていて、読みながら、思わず顔をほころばせたり、クスクス笑いをこらえきれなくなった愉快な傑作もありました。

家づくりというものは、建築家とクライアントが「二人三脚」で走るようなものですから、やはり相性の良し悪しが決め手になります。お互いに相手の意見や思惑を尊重し合う人間的な信頼関係、もっといえば阿吽の呼吸の友人関係が理想なのです。私の場合、要望書をきっかけに、建築家である私の右足と、クライアントの左足がしっかりと結ばれ、肩を組み、気持ちをひとつにしてスタートラインに立ったと感じられたら、その家づくりはまず間違いなく満足の笑顔でゴールのテープを切ることになります。

数年前、奈良に住んでいる五〇代のご夫婦から住宅設計の依頼がありました。おふたりに事務所までご足労いただいて型どおりの「お見合い」を済ませ、いよいよ設計に取り掛かる段になって要望書を書いてもらったのですが、頂戴した要望書（……というより、それはすまいと暮らしに対する心境を淡々と綴った、友人からの手紙のようでした）の中のなにげない言葉に、それまで私の胸の内に垂れ込めていた霧が晴れ、暖かい陽の光が差してきたような想いにとらわれました。それは、私が建築設計や家具デザインに長年取り組みながら無意識のうちに目指していたにもかかわらず、そのことを的確な言葉で言い表すことができず、また、その方向をはっきりと指し示すこともできずに、もどかしく思い続けていたことでした。手紙は夫人からで、こう書かれていました。

「私がよく知っていて、今も「いいなあ」と思っている建物は、通っていた小学校の木造校舎です。校庭の真ん中に梅檀《せんだん》の大木のあるかわいい学校でした」

そして、その後に次の文章が続いていました。

「正確にはなんという言葉か知らないんですが、スウェーデン語で日常よく使う形容詞があるそうです。それはひとことで「普通でちょうどいい」という意味の肯定的なホメ言葉なんだそうです。日本語の「普通」には否定的なニュアンスもありますが、そうではなくて「普通」が、肯定的な言葉だというのがいいですね。私が欲しいのは、たぶんそんな家だと思うんです」

そうです、このことでした！　私が住宅をつくり続けながら、ずっと心の奥処《おくか》で目指していたのは。そして「普通でちょうどいい」というそのことが、住宅に限ったことではなかったことに、そのときあらためて気付きました。レストランやショップを設計していたときも、美術館や記念館を設計していたときも、家具や小物のデザインに取り組んでいたときも、私が無意識のうちに目指していたのは、人々が目を瞠《みは》り、誰もが話題にせずにはいられない「特別なもの」ではなく、気張りもしないし、気取りもしない。背伸びもしないし、萎縮もしない。無理もしないし、無駄もしない。それでいてまっすぐに背筋の通った「普通のもの」でした。そして、用を満たすという観点や、美しさという視点からも、過不足なくほどよくバランスの取れた「ちょうどいいもの」でした。

さて、そうなると、そのスウェーデン語が知りたくなるのが人情です。さっそく、その言葉を突き止めようと思いましたが、この言葉探しはのっけからつまづいてしまいました。というのは、仮に「和・スウェ辞典」のようなものがあったとしても、「普通」や「ちょうどいい」ぐらいは載っていても「普通でちょうどいい」というニュアンスの言葉を見つけるのは、ニュアンスだけに難しそうに思えたからです。これはスウェーデンの言葉と生活事情に詳しい人に聞くしかないな、と思っていましたら、たまたま、ストックホルムに長年住んでいた大学時代の友人がいたことを思い出しました。すぐさま連絡を取って聞いてみましたが、「うーん」と「さあねぇ？」ばかりで、まるで埒《らち》があきません。それならばと、今度はスウェーデン大使館に電話して尋ねてみましたが、こちらの訊き方が要領を得なかったのか、電話に出た女性がたまたま機嫌が悪かったのか「そんな言葉、聞いたこともありません」、「そういう言葉はスウェーデン語にはないと思います」と、にべもない返事。そんなわけで、言葉の捜査も万策尽きて（正確には「三策尽きて」ですが……）迷宮入りかと思われたとき、スウェーデンから日本文化を勉強に来たという青年が「日本の建築家の仕事場を見学したい」といって事務所にやって来ました。目元の優しい、なかなか知的な好青年でしたから、まさに「渡りに舟」のタイミングです。あるいは「飛んで火に入る夏の虫」です。本題の話が一段落した後、藁をも掴む気持ちでさっそくこのことを尋ねてみました。青年は、考え考え、思いつく単語をいくつか紙に書き出してくれましたが、突然、「あ、そうだ！」と顔を輝かせ、「ピッタリの言葉がありました」と言って「Enkel」という言葉を教えてくれました。

そして、「Enkel」は、もともとは「Simple」や「Plain」という意味で、ほかに「Convenient」や「Useful」という意味もあり、「Ordinary」や「Honest」や「Sincere」といったニュアンスも含まれていると思うと話してくれました。いずれにしてもスウェーデンでは「とても、いい意味で使われる言葉」とのこと。

やれ、やれ、これで言葉探しはめでたく一件落着。私が探し求めていたものが「Enkel」であったことが判明しました。この言葉にたどりつくきっかけを与えてくれた奈良のクライアントに謝意を示すため、私は、このご夫婦の住宅を「Enkel House」と名付けました。

一昨年（二〇〇八年）、千葉の山中にある『museum as it is』という美術館で、「Come on-a my house展」という展覧会を開きました。子供のころから愛唱していた曲のタイトルをそのまま使った展覧会は、この美術館が「シリーズ展」として開催している「個人コレクション展」の第三回目にあたる企画展でした。「コレクション展」といっても、私自身は、家具好き、雑貨小物好き、古道具好き、本好き、おもちゃ好き、絵画好き……、つまりモノの好きな性分であることは間違いありませんが、たくさん集めたいとか、物珍しいモノを集めたいとか、できるだけ多くの種類を集めたいとか、そういった蒐集癖はありません。ただ「あ、いいな」と思ったり、「これは身近に置いて教材にしよう」と思ったものは、ちょっと無理算段をしても手に入れてきました。そして、それなりに年齢を重ねてきましたから、集めたわけではないのに、いつのまにか身辺に種々雑多なモノたちが寄り集まってきていました。

もとより「コレクション」と呼べる内容ではありませんが、これら種々のモノたちを「すまい」という小宇宙の中に注意深く配置することで、モノたちにとっても、自分自身にとっても居心地のよい室内にしつらえて暮らしてきたのです。『museum as it is』は、私が十五年ほど前に設計した美術館ですが、展覧会はこの空間を私自身のすまいに見立て、長年かかって身辺に集まってきた品々を、それぞれにふさわしい場所にしつらえてみせる趣向でした。

自宅と仕事場から大量の家財を運び込む作業は、ちょっとした引っ越しでした。そして、運び込んだ品々を館内にしつらえた「居間」「食堂」「寝室」「書斎」などのコーナーに注意深く配置したり、展示したりしたわけですが、展示作業がひと段落した室内をそれとなく眺めながら、ふと、気付いたことがありました。それは、ほかでもない「自分の好きなもの」や「自分がいいと思うもの」がなんであったかについてでした。先ほど書いたとおり、展示物は長年愛用してきたモノばかりですから、時を経て、どれも一様に古びているのはいうまでもありません。中には本当に古い骨董品(弥生時代の壺もあるし、ローマ時代の彫刻の残欠もあります)もいくつも混ざっていますが、その「古びかた」にどこか共通するもの、あるいは「古びかたの好み」がはっきり表れていることに気付いたのです。そのことを突きつめて考えるうちに「素材の魅力」というところに行きつきました。私が無意識のうちに選び、愛用してきたモノたちは一様に手触りがよい上に、古びたときに独特の味わいを増す素材ばかりでした。もっと正確に言えば時間とともに風合いの魅力を増す素材に私は心惹かれるらしいのです。

この「好み」は家具や小物を選ぶときに限ったことではなく、住宅を設計し、内外の仕上げ材料を選ぶときにもはっきりと表れています。私の設計した建物に条件の許す限り自然素材を使ってきたのは、私が「自然素材派」だからではなく、そのほうが手触りがいいし、古びたときに美しくなるからという即物的な理由のほうが大きいのでした。

そのことをはっきり自覚したときに、「そういえば、英語には「Patina」という言葉があるよ」と、ある友人が教えてくれました。さっそく辞書をあたってみますと、まず「古錆、緑青」とあり、つぎに「古艶、古色、古趣」とありました。つまり私は、無意識のうちにその「Patina」を追い求めていたことになります。


ここまで書いてきて、二十数年前、ある雑誌のインタビューで「あなたの住宅をひと言で表現してください」と言われて、言葉に詰まったことを思い出しました。その時は、即答できる言葉をもち合わせていなかっただけでなく、独立して間もなかったので目の前の仕事を無我夢中にやるのが精一杯で、自分の仕事をしっかり位置付け、定義付ける余裕など精神的にも時間的にもなかったのです。そもそも自分の仕事が何を目指し、どういう方向に向かって進んで行こうとしているのかさえ、さっぱりわからなかったのですから、返事に窮するのは当然です。でも、もし今、同じように問いかけられたら、すかさず「Enkelであること」と応えると思います。さらに、「もうひと言付け加えるとしたら？」と言われたら、「Patinaを目指していること」と応えようと思います。このふたつの言葉に、できればもうひとつ「遊び心を失なわないこと」という言葉を加えさせてもらえれば、私の住宅設計の仕事はおおむね語り尽くせるような気がするからです。

最後に。

これまで私は一五〇軒以上の住宅を設計してきましたが、この本には比較的近作の中から職業も、年齢も、家族構成も、暮らしぶりも、人柄も異なるクライアントのための住宅を選んで収めました（この中には私自身の「すまい」と「小屋」も入っています）。もちろん、敷地条件も、規模も、予算も、仕上げも異なる住宅です。あらためて申し上げるまでもなく、私の設計する住宅は建築家のコンセプトや主義主張をそのままかたちにした「作品」ではなく、そこに住まう市井の人々の暮らしを丸ごと放り込むことのできる「容器」です。主役はあくまでも建物ではなく、そこに住む人たちであり、そこで営まれる暮らしです。その「容器」が、知らず知らずのうちに、暮らし方、住まい方の文法を導き出し、愛情をかけて住み込むことによって少しずつ成熟していって欲しいと願っています。私自身が、ヒンヤリとした整然よりは、あたたかな雑然を愛する人間で、肩も、肘も（もちろん、見栄も！）張らずに自然体で暮らしたいし、そのように生きたいと考えていますが、私の依頼者のほとんどはそのような私の考え方と姿勢に共感してくれた人たちでした。読者には、ぜひとも、斬新でも、新奇でも、独創的でもない「普通の住宅」で営まれる「普通の人々」の、平凡で穏やかな暮らしぶりの豊かさと人肌の温もりを感じ取っていただきたいと思います。

七つの住宅

四〇代に入ったころ、東京中央郵便局の設計者として知られる吉田鉄郎という建築家に興味をもち、作品集をはじめ、吉田鉄郎に関する本を繰り返し読みました。そして「くずかご」という吉田氏の随筆の中に、私自身が住宅設計と家具デザインの仕事の中で漠然と感じていたこと、考えていたことが、ほとんどそっくりそのまま書かれていたことを知り、驚くと同時に時空を越えて同志に出会ったような親近感を抱いたのです。その随筆には、次のように書かれていました。

「ひとをびっくりさせるような建築もおもしろいかもしれない。しかしそんなものは、ほんとうの天才でなければできるわけのものでもないし、またそんなものは、そうたくさんある必要もあるまい。柄でもないのにうっかりそんなまねをして失敗すると多くの人々に迷惑をかけずばすむまい。」（『建築雑誌』、一九五〇年三月号所収）

この言葉は自分が天才だと思っていない建築家にとっては、肝に銘じておくべき「建築家心得」だと思います。

ところで、これからご案内する七つの住宅は、どれも「ひとをびっくりさせるような建築」ではありません。しかし読者には、どの住宅も、住まい手にとっても設計者にとっても「柄にあった住宅」であることを、ぜひとも感じ取っていただきたいと思います。では、出掛けるとしましょう。

明月谷《めいげつだに》の家

（中村）山本さんたちは、僕のクライアントの最年少記録を更新しました（笑）。おふたりは若いにもかかわらず最初から、自分たちの生活のイメージをしっかりもっていましたね。こういう風に住みたいんだというものを。

（夫）ここに住みはじめたら、ものがいらなくなりましたね。以前は欲しいものがいっぱいあったのに……。住みはじめる前とは、生き方がまったく変わってしまいました。もう昔の暮らしには戻りたくないよね、と妻とよく話をするんですよ。それがなぜなのかは、もっと分析をしなくてはならないんですけど。そのあたりに何かがありそうな気がします。

（中村）ここに家を建てて住むことで、自分たちの生き方がはっきりするという感じがありましたが、おふたりはこの土地を選び、この土地に根を下ろし暮らしていくことを選んだんですよね。そのことはこの家に来るたびに暮らしが着実に根づいていくのでよくわかります。家と人と暮らしとが、次第次第に分かち難く

家と人と暮らしが、分かちがたく結びついていく

なっているように感じます。

(妻)この家に毎日暮らしているんだけれども、まだ日々発見があります。一日中家にいると、時間によって光が移り変わったりして。どこにいても気持ちがいい。特別なことがあるわけではないけれど、美しいものを感じたり、そういう喜びがあります。

(夫)そういうのを「普通」というのかもしれないけど。「普通」を「平均値」ととらえるのは違うと思います。人によってそれぞれ違うものだけど、共通した価値認識みたいなものでしょうかね。

(妻)でも、ほかの方がこの家に住んだら、私たちと同じように住みやすいとは限らないと思います。中村さんに自分たちの暮らしに合うようにカスタマイズしてもらったな、と思いますね。

(中村)家というのは、そこに住む人のものですからね。ふたりからこの家に住んで自然体でいられる、普通でいられると聞くと、山をよじ登った甲斐があったと思います(笑)。

眺めのよい窓はあるけれど、視界から完全に人工物が消えてしまう窓をつくる機会は滅多にない。この住宅の2階でその窓が実現できた。畳に座ると横長窓一杯に真向かいにある山並みがピタリとはまる。春夏秋冬、千変万化する山の眺めは一幅の絵のよう。

正面の小窓の前に、映写用のスクリーンがスルスルと下りてくるとホームシアターの上映開始。畳の上にあぐらをかいたり、寝そべったり、思い思いの姿勢で観るところは、昔の芝居見物のようである。

左上／横長窓の反対側の壁にも裏山の景色を眺めるピクチュア・ウインドウ。ピクチュア・ウインドウなんだからと、スペイン製の額縁を特注して窓枠にした。こちらは、森を描いたセザンヌの小品のよう。
左下／木製の横長窓の片引き戸のロックは閂鍵《かんぬき》をブスリと差し込む式。イイダコの頭のような握りが付いている。

畳を敷きつめた広間の無限定な広がりと畳の感触、畳の部屋に特別な愛着を抱くのは私のノスタルジーだろうか。畳の上にゴロリと横になると、中原中也の「残暑」というタイトルの詩を思い出す。「畳の上に、寝ころぼう」という書き出しで、寝ころんで、あれこれ思い浮かべているうちにいつのまにか眠ってしまったという詩だった。琉球畳の上に冷たい飲み物。ここに枕とうちわとタオルケットがあれば昼寝の準備は完璧。

右／畳の大広間の傍らにある麻季子夫人の小書斎。窓の正面に大きな山桜が見える。
左／台所のある1階と2階を結ぶ手動式のダムウェイター（料理や飲み物を運ぶ小型エレベーター）と下の階と連絡を取るための伝声管。私が秘蔵していた船舶用の伝声管を改造して取り付けた。
左頁／階段室。この家はスキップ・フロア構成で踊り場のある中2階部分に洗面・トイレ・浴室がある。

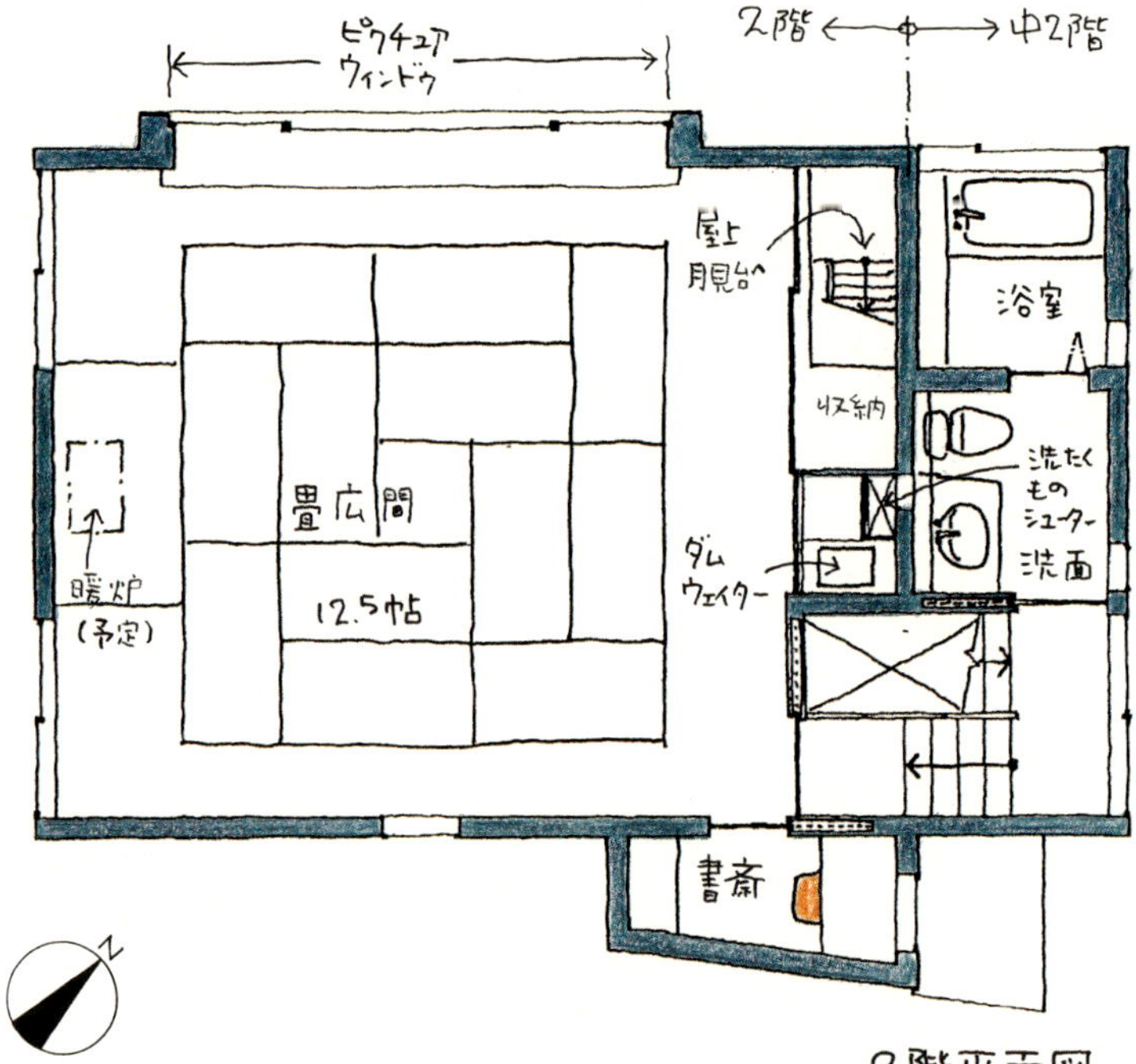

2階平面図

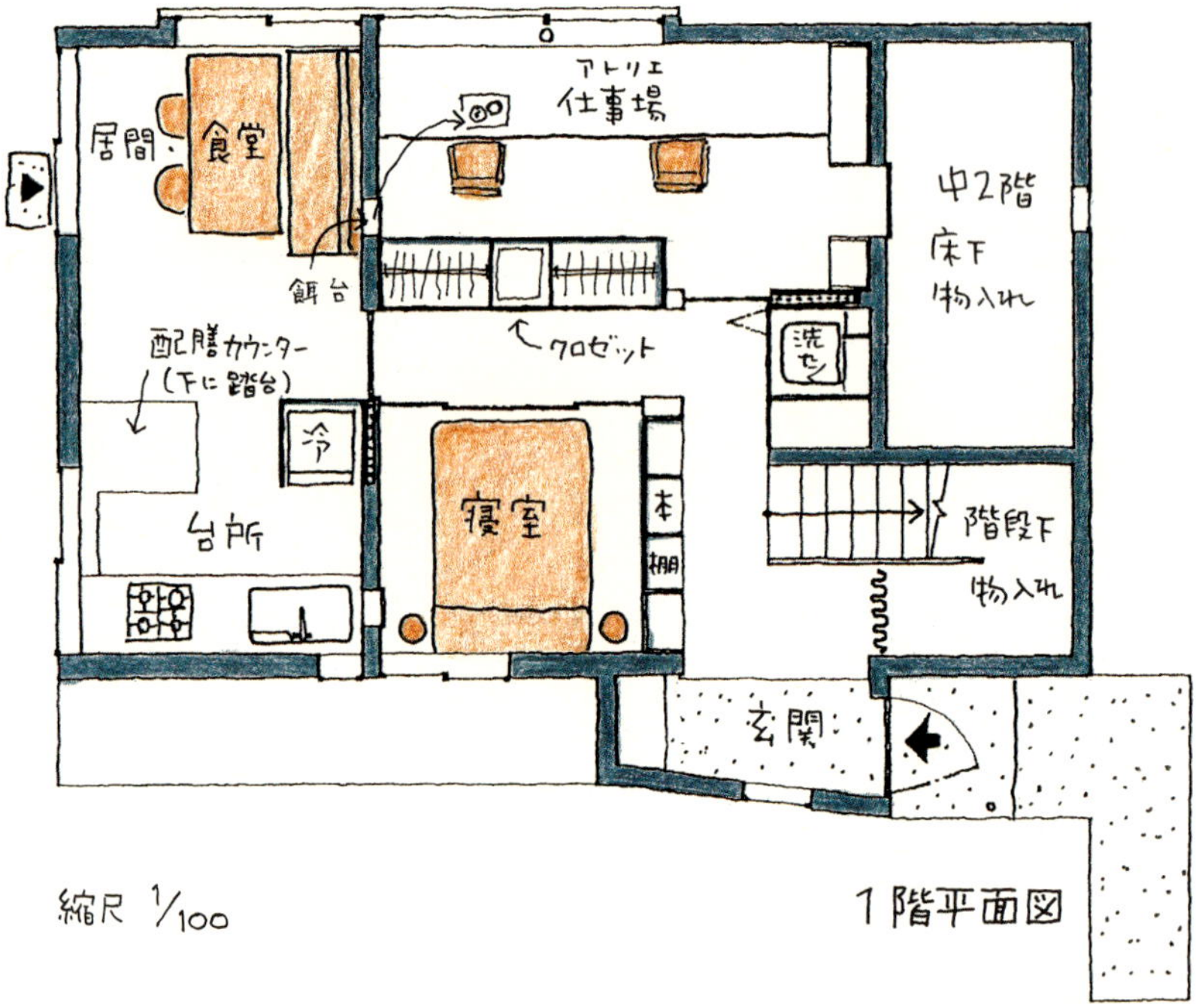

縮尺 1/100

1階平面図

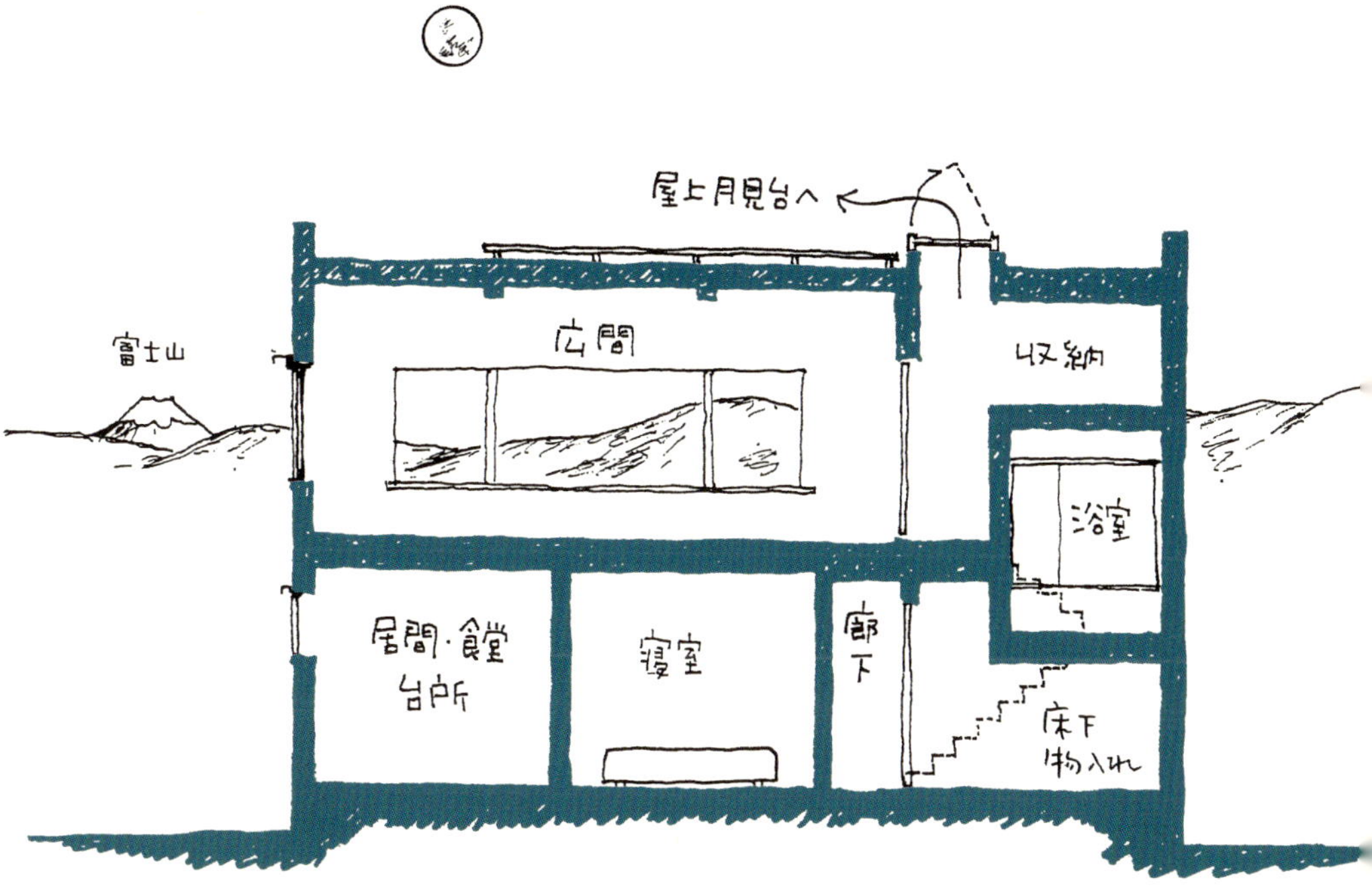
屋上月見台へ
富士山
広間
収納
浴室
居間・食堂
台所
寝室
廊下
床下
物入れ

断面図

裏山
ブリッジ
スロープ
ガケ
ガケ
カイダン
道路

ASKO

上／仕事場に飲み物とおやつをサービスするための小窓。別名「餌台」。
下／食堂の様子。ここに置かれる予定のテーブルとベンチはとっくにデザイン済み。宝くじの発表待ちである。
右頁／麻季子夫人ご自慢のこだわりキッチン。写真では見えないが、配膳カウンターの下には小柄な夫人のために、つま先で蹴るとスルスルと出てくる踏み台がある。特注ならではのこうした小ワザは、考えるほうも、使うほうも楽しいもの。「料理は人生を何倍も愉しくする生活技術だよ」という私の言葉に、今までまったく料理に関心を示さなかった夫の浩司さんも一念発起し、たちまち料理の面白さにはまっている。新しい家が住まい手の生き方を変えた好例かもしれない。

HOKUSAI

右／ホームオフィス。山本さんは大学に出勤する日以外は自宅で仕事する「居職」の人。つまりここが山本さんの主戦場である。「眺めがよすぎてねぇ、ボーとしてしまって仕事にならないんですよ」という贅沢な（罰あたりな?）不満を漏らしたことがある。
左／寝室は最小限の広さ。ベッドの長さと部屋の奥行きがほぼ同じなので、夫婦は左右ふたつの引き戸から出入りする。
右頁／正面足元の穴はスキップ・フロアの段差を利用した床下の物入れ。

この玄関まで最寄りの駅から急ぎ足でも15〜20分。途中からは次第にきつい勾配の上り坂になり、心臓破りの階段と斜路を登ってやっとこの玄関にたどりつく。この家を訪問するたびに玄関先にへたり込むためのベンチをつくっておけばよかったと思う。光と影の織りなす陰影が息せき切った訪問客を静かに迎え入れてくれる。

東側の外観。外壁はガルバリュウム鋼板の小波板を横張りにしている。庇のない建物なので、すべての窓に霧除けの小庇が付けてある。左手にチラリと見えるのが木製の玄関扉。崖の表土が崩れるのを防ぐために一面に小熊笹《こぐまざさ》を植えた。

左頁／ブリッジと斜路を取り囲む緑豊かな自然はすべて借景（つまり借り物）。

こんもりしたこの台地はもともとは鎌倉石の石切場だったところ。山本夫妻以前にも土地探しをしている人たちが何人もこの土地を見に来て、唖然とし、溜め息をついて帰っていったいわく付きの土地である。この土地にマイホームを建てようと発心した山本夫妻の蛮勇に賞賛の拍手を贈りたい。

［明月谷の家］

「この土地、本当に買っちゃったの？」

山本浩司さん、麻季子さん夫妻に向かって、私は、ハアハア息切れしながらそう言いました。息切れの原因は、崖にしがみつくように生えている下草を掴み掴みよじ登って、建物の建てられる場所までたどりついたせいです。今だから正直に言いますが、この言葉の中には「あきれた若者たちだなあ」という思いと「よく考えなきゃ、ダメじゃないか」という叱責の気持ちがこもっていました。

「でも……、目の前の山並み、いいでしょう？　でね、こっちの方角には、富士山がバッチシ、大きく見えるんですよ」

私の詰問するような言葉に、いっときションボリしたように見受けられたふたりでしたが、それもほんの一瞬のこと。夫の浩司さんの方が屈託のない様子で反撃に転じてきました。今考えると、あのときに「勝負あった！」のだと思います。

私は「この建築資金の乏しい、無分別で、無謀で、ロマンチストの愛すべき若いクライアント夫妻のために、建築家としてはもちろん、歳上の友人としてできることはなんでもしよう！」「このふたりの夢に付き合ってみようじゃないか！」という気持ちにさせられていたのです。

なあに、これまでの仕事だって、ローコスト、狭小敷地、良好とはいえない周辺環境など、悪条件は私にとってちっとも珍しいことではなかったのです。ある時期は、なかば冗談で「すばらしいクライアントと、悪条件に恵まれた建築家」と自己紹介していたこともあるのですから、この仕事こそおいらの腕の見せどころじゃないか、と思ったのです。目の前で屈託のない笑顔を見せているふたりが素敵なご夫婦であることだけは、間違いないのだし……。

予想通り、というより予想以上に崖の上にあるこの敷地は厳しいものでした。資材の運搬搬入などの手間と費用が馬鹿にならないのです。加えて山本夫妻は、生意気にも（失礼！）すまいに対する理想が非常に高いときいています。素材にしても、設備機器にしても、使い勝手にしてもまるで妥協することをしません。「予算のこともあるんだから、この辺にしておいたら……」と諭しても、なかなか言うことを聞きません。もしかしたらこの年若い夫婦は「妥協」という便利な大人の言葉を知らないのではないかと思ったほどでした。しまいには仕事柄、プロジェクターや大型スクリーンなどホームシアター用の機材も欲しいと言い出し、やりくり算段して、とうとうそれも実現させてしまいました。

『明月谷の家』のクライアントって、どういう方たちですか？　と聞かれたら、私は即座に「ああ、あれね、あれは私の甥たち夫婦の家ですよ」と応えると思います。建築家とクライアントとの間にはそう言いたくなる関係もあるのです。

扇が谷の家
おうぎがやつ

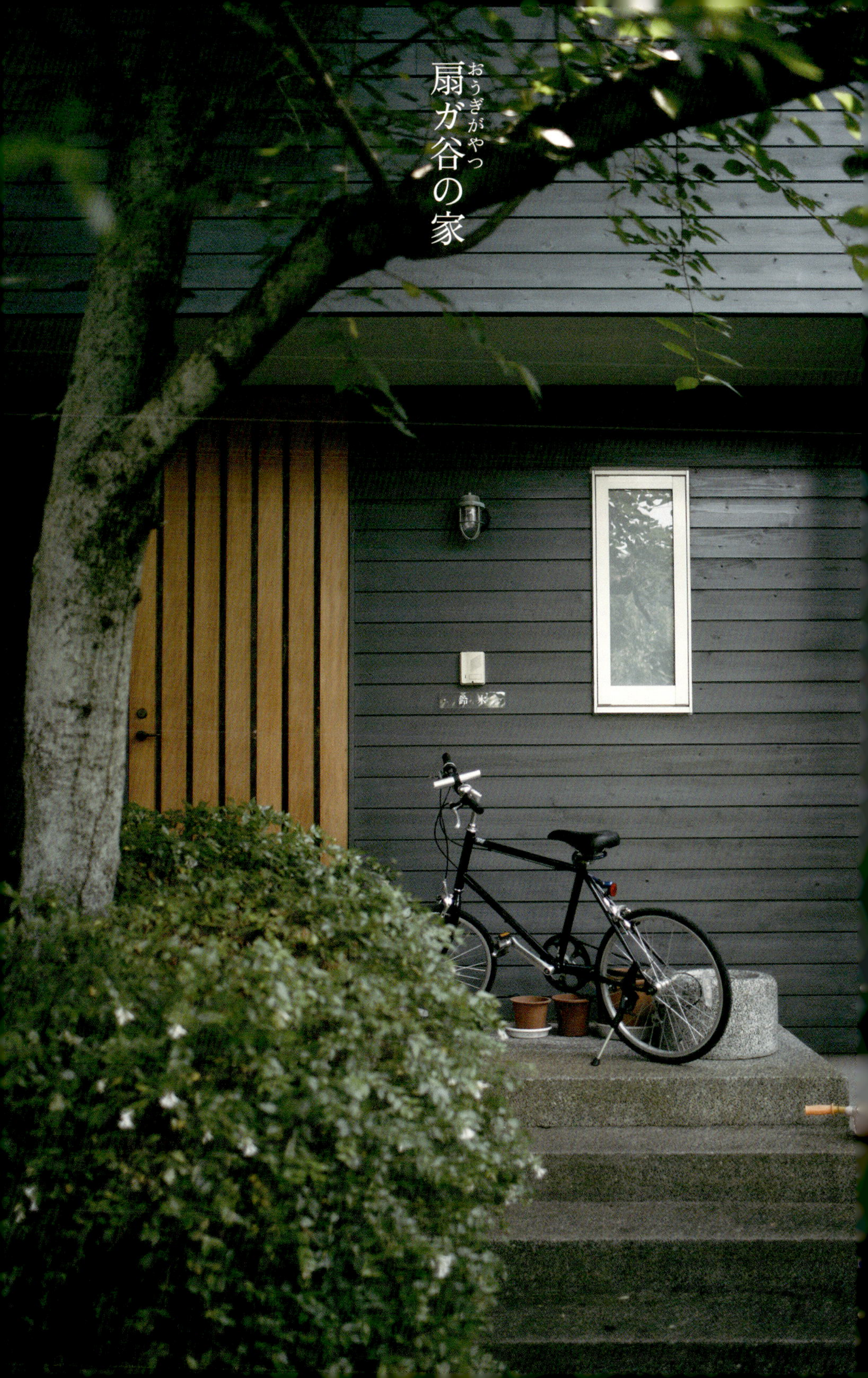

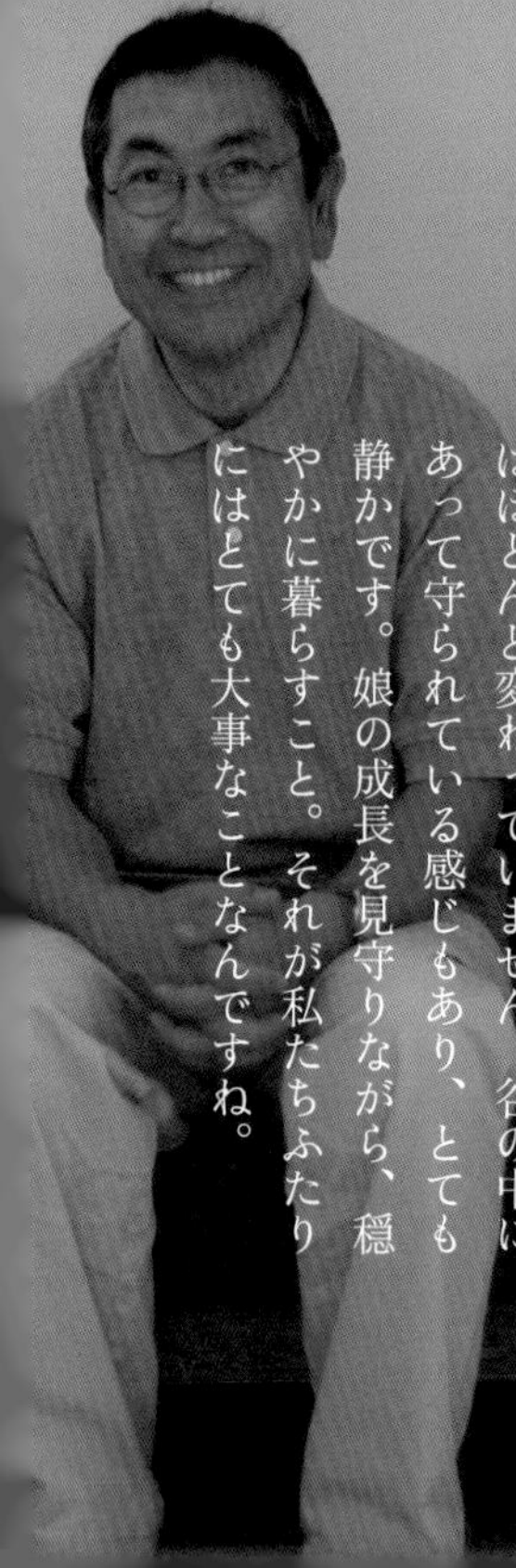

（鈴木）この家は娘と私のふたりで住むための家として建てました。十年間この家に暮らしてみて、娘の成長と家の成長が重なっている。家も時間が経過してだんだんよくなってきたと、娘の成長を見るのと同じ思いを抱いています。この壁には娘が触った手の跡がついていますが、その位置がだんだん高くなっていく。これも娘の成長の証で、この家の味になっています。この家は、住み手に合わせてくれる感じがありますね。家ができたばかりのころは、幼い娘を男手ひとつで育てるというプレッシャーを感じていたのですが、徐々にそれではだめなんだと悟って、肩の力が抜けていく感じでした。少しずつですが、ゆっくりやればいいんだとわかってきて。そういう感覚をこの家がもたせてくれたような気がします。
（中村）男ひとりで子育て含めて家事のすべてをやらなければならないのは大変なことでしょう。そこで家事はキッチンとリビングのあるこのフロアですべて済ますことができるようにしました。家が家事を手伝って負担を軽くしてあげられるようにしようと思いました。

お互いの気配を感じながら、ほどよい距離をもって暮らす

（鈴木）この家では、プライバシーを守りながら、常にお互いの存在を感じていたいという思いもありましたね。

（中村）トイレと玄関以外は全部引き戸です。気持ちとしては、ひとつの空間にしたかったんです。家の中に扉が閉まった部屋がいくつもあるのはいやでした。父と娘が互いによい距離をもって住む。それがこの家の大きなテーマですね。

（鈴木）階段が少し曲げてあるのは、家に帰ってきたときに、階段がこの家に迎え入れてくれるようにとの配慮だそうです。この階段が陽だまりになっていて、ここを中心に全部がつながっている。十年間、住み方はほとんど変わっていません。この家も木が育ったくらいで、ほかはほとんど変わっていません。谷の中にあって守られている感じもあり、とても静かです。娘の成長を見守りながら、穏やかに暮らすこと。それが私たちふたりにはとても大事なことなんですね。

BONJOUR

この住宅は、地形が斜面であることと、地中に埋蔵文化財があることからスキップ・フロアの空間構成が生まれた。居間、食堂、台所、洗面、浴室、トイレなど住宅の主要部分はすべてを中2階にコンパクトにまとめてある。南向きの食堂はベランダにつながり、ベランダは庭につながっていく。家の中心部にある階段室の上部は大きな天窓になっていて、天空から自然光のシャワーが降り注ぐ。

2階には鈴木さん用と愛娘用の寝室ふたつと書斎がある。それぞれの寝室には採光と換気用の開閉式天窓があり、北側にもかかわらず充分すぎるほど明るい。

南側の家

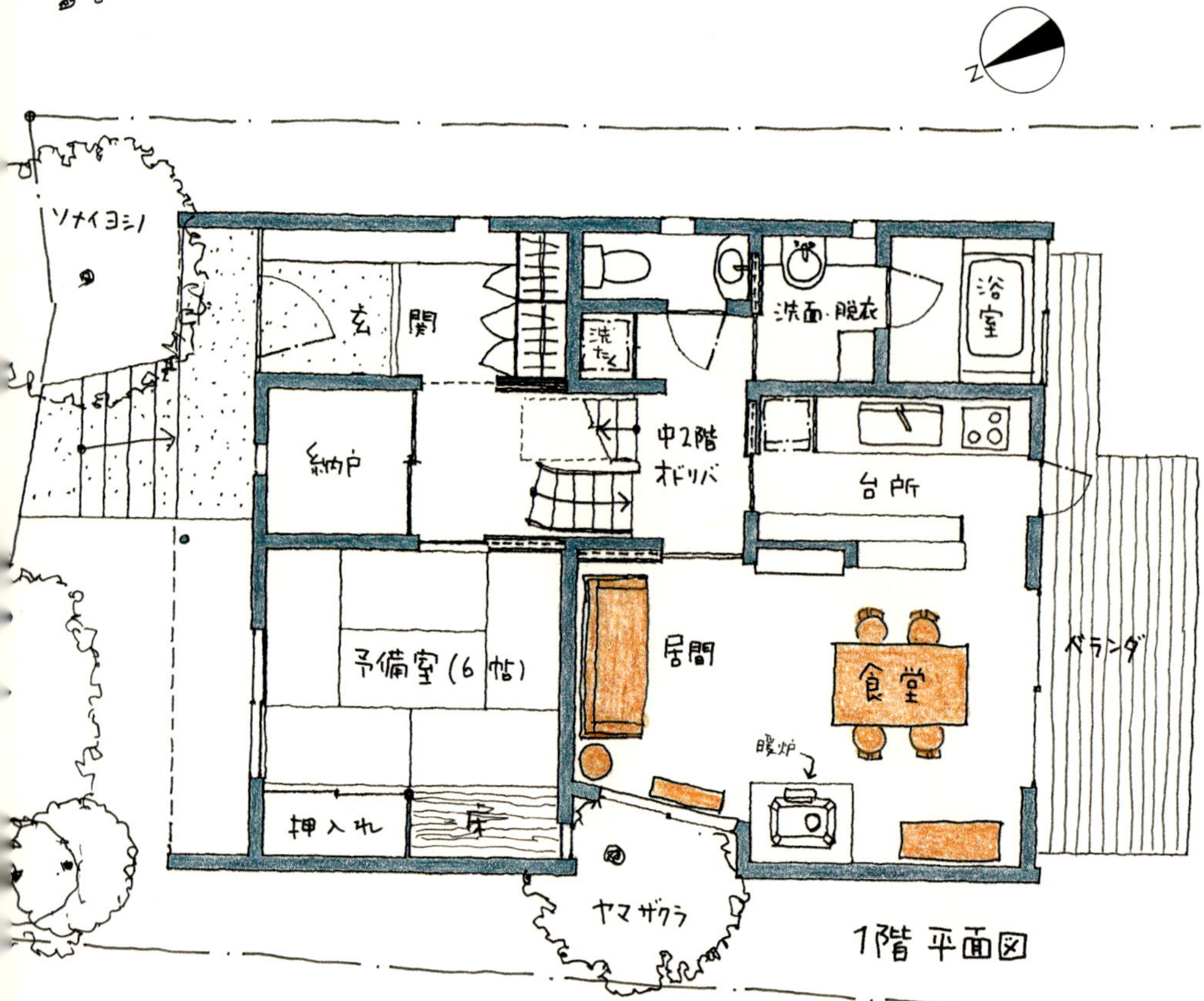
ソメイヨシノ
玄関
洗たく
洗面・脱衣
浴室
中2階
オドリバ
納戸
台所
予備室（6帖）
居間
食堂
暖炉
ベランダ
押入れ
床
ヤマザクラ

1階 平面図

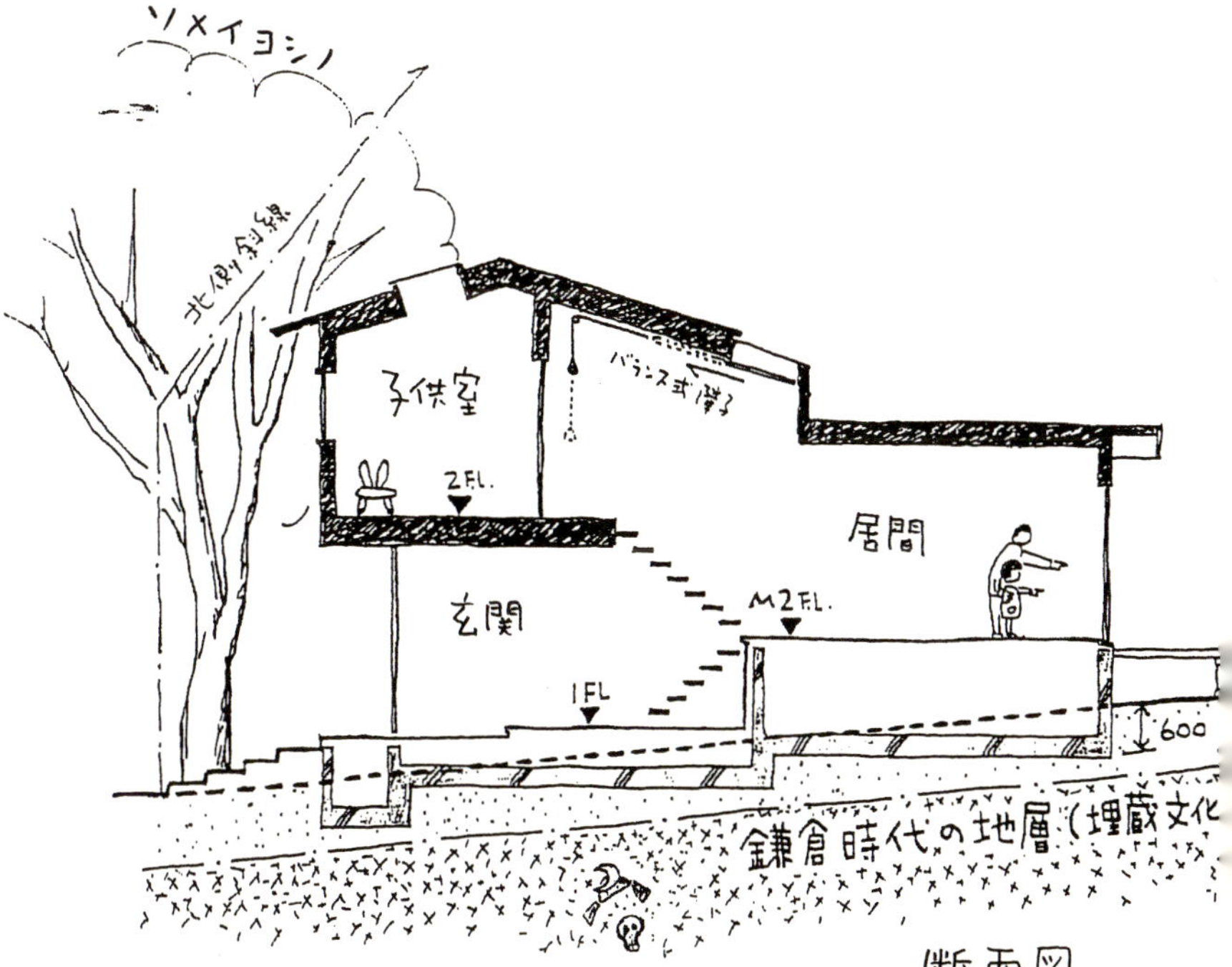

断面図

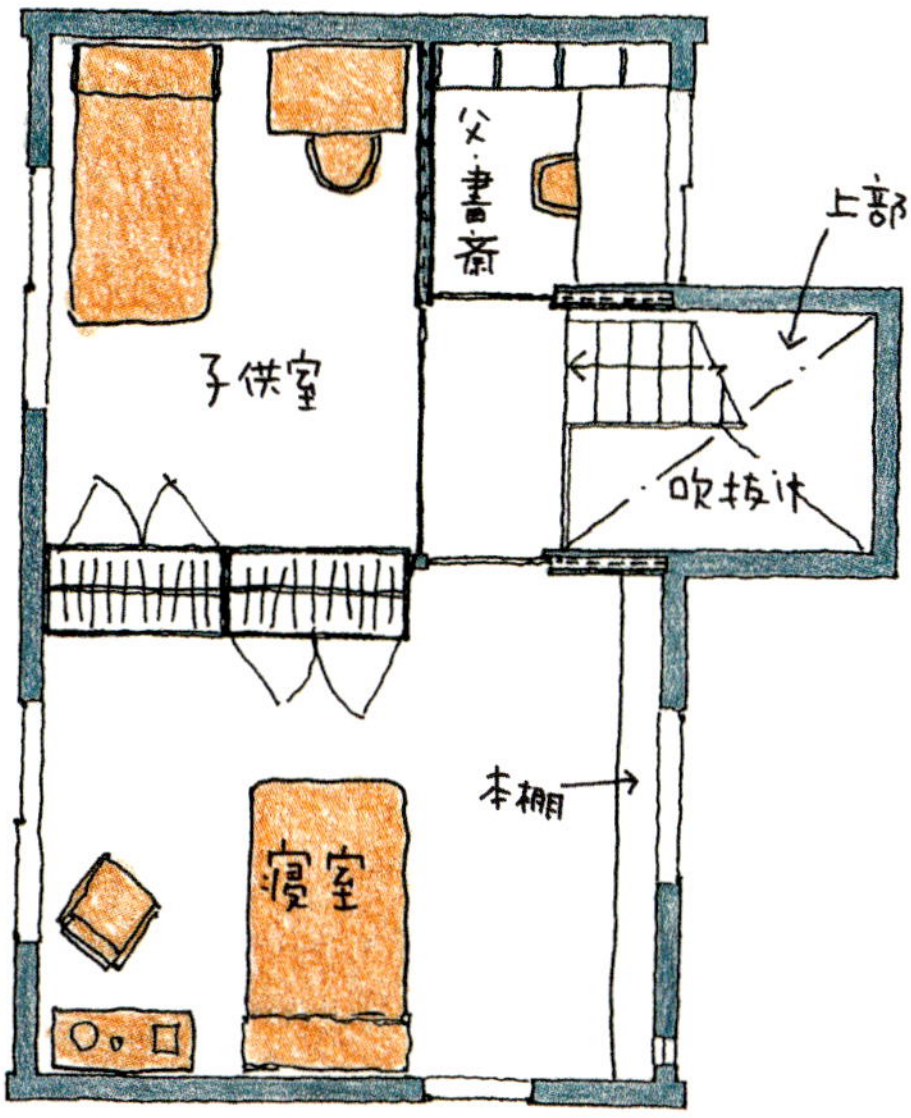

縮尺 1/100

2階平面図

建物のたたずまいに、住まい手の人柄や品性を表したいと思う。そしてそこにはおのずから設計者の品性も表れるはずだから、心してかからなければならない。ここでは、閑静な周辺環境にひっそり溶け込ませるために外観をごく控えめにした。私の敬愛する建築家、吉田鉄郎は「見て嫌でない建物をつくることも大切」と書いたが、この教えを肝に銘じ、ゆめゆめ忘れないようにしたいと思う。

［扇ガ谷の家］

鈴木和彦さんが初めて私の事務所を訪ねてこられたのは一九九七年二月のことでした。その日のことは今でもはっきり憶えています。

私の事務所の仕事のやり方は「ビジネスライクではない」と言えば聞こえはいいのですが、呑気な私の性格を反映して、いつも仕事が押せ押せになり、予定がズルズルと遅れる傾向があります。そんなわけで、そのころも複数の住宅の仕事が重なってしまってアップアップしていました。ですから、せっかく鈴木さんにご足労いただいても建築家の立場から何かアドヴァイスするぐらいで、設計をお引き受けするのはちょっと難しいだろうと考えていたのです。

ところが、鈴木さんに初めてお目に掛かり、話を聴くうちに、物静かな話しぶりからにじみ出る誠実な人柄に次第に惹かれていきました。お気の毒にも鈴木さんは、奥様を亡くされていて、遺された幼い娘さんとのふたり暮らしでした。そしてその奥様と何年も前から『いつか、土地を見つけて中村好文さんに設計をお願いしよう』と、言い言いしていたという話を聞いて、私は胸が……、というより目頭が熱くなりました。

「娘とふたりで住む、小さな家を設計していただけませんか？」鈴木さんは淡々とした口調でそう言い、即座に私は「ぜひ、お手伝いさせてください！」と深々と頭を下げました。

『扇ガ谷の家』の敷地は道路の奥まったひっそりした場所にあり、鈴木さん親子が静かに、穏やかに暮らすにはとてもいい場所でした。ただ敷地の一メートル下には鎌倉時代の地層があり、埋蔵文化を保護するという観点から地表から六〇センチまでしか掘ってはいけない、という厳しい条件が付いていました。この条件に加えて、敷地が北に向かって緩やかに傾斜した斜面だったので、その傾斜を生かすことを考えているうちに、ごく自然にスキップフロアの構成が生まれました。働きながら子育てする鈴木さんのために、家事労働を最小限で済ますことができ、どこにいてもお互いの気配が感じられるような大らかなワンルームも、スキップフロアという空間構成から生まれたものです。

ところで。「鎌倉で父と娘がふたりで暮らす……」と聞いたとたんに、映画好きの私は、小津安二郎の『晩春』と『麦秋』という映画を思い出していました。そして、原節子や笠智衆や杉村春子の名演技が瞼《まぶた》に浮かぶと同時に、平穏な暮らしを過不足なく包み込んでくれる日本家屋の簡素でありながら融通性の高い間取り《プラン》が鮮やかに思い出されました。

私の中には無意識のうちに『扇ガ谷の家』を、あのように暮らしと住空間とが分かちがたく結びついた、穏やかで包容力のある家にしたいという気持ちがあったのです。

秋谷《あきや》の家

僕は今まで五〇回も引越しを繰り返してきました。まず、若いころの僕にとっての家は、食べて寝るという用件を満たしていればそれで十分でした。その後ロサンゼルスで大きな家に住んでいたときには、そのスペースすべてを自分がデザインしたり選んだもので埋めていきました。家をショールームとしてとらえていたんです。デザイナーとして、自分が何を考えてデザインしているのか、自分がどう生きているのかを、家によって伝えたいと思っていました。人に見てもらうことが楽しみであり、自分のため、仕事のためであるという考えがいつもどこかにあって、本来の住宅というものとは違う役割を家に求めていたのでしょう。

しかし、デザイナーをやめて彫刻家として制作活動をするうちに考え方が変わっていきました。この家は「終の棲家」として、本当の意味での「家」にしたいと思ったのです。とにかく普通の生活に必要なことが営めるだけの、最低限の家。建築を意識させない、小さな家が希望で

理路整然としすぎない、デザインの整合性よりも大切なもの

した。これでも少し大きすぎるのかもしれないけれど……。

デザイナーがつくった家の多くは理路整然としているけれど、整合性の取れすぎた家に住む辛さは僕にはとてもよくわかる。だから中村さんにはつじつまの合わない家をつくって欲しいとお願いしました。この家はそれに中村流で応えてくれています。たとえば寝室のベッド両側のコンセント。左右対称ではないのです。尋ねたら、壁の中にある柱を傷つけないようにコンセントの位置をずらしているのだと。インテリア・デザイナーだったら、見た目を優先して構造を傷つけていたかもしれません。柱を生かすほうが建築家の仕事だと、それが中村流なんだとわかりました。僕は最後に建てた家がそんなふうになっていることを見て、家としての面白さを感じたんです。自分が希望していたのは、たとえ見えなくてもさまざまな工夫がされている家だということに気付いたんですね。（五十嵐威暢）

ロフト付きの建物は、2階建てにしては低く、1階建てにしては高さがある。切妻屋根と片流れ屋根を大きく張り出し、強い陽射しと風雨から杉板の外壁を守っている。黒く染めたはずの外壁は湘南の強烈な紫外線にさらされてたちまち色褪せてしまった。

小住宅にもかかわらず、この家には台所側からも出入りできる書斎や、昼寝用カウチのあるコーナーや、来客用の小さな寝室など、家の中に隠れ家的なスペースがいくつもある。ロフトには小ぶりの螺旋階段で上る。

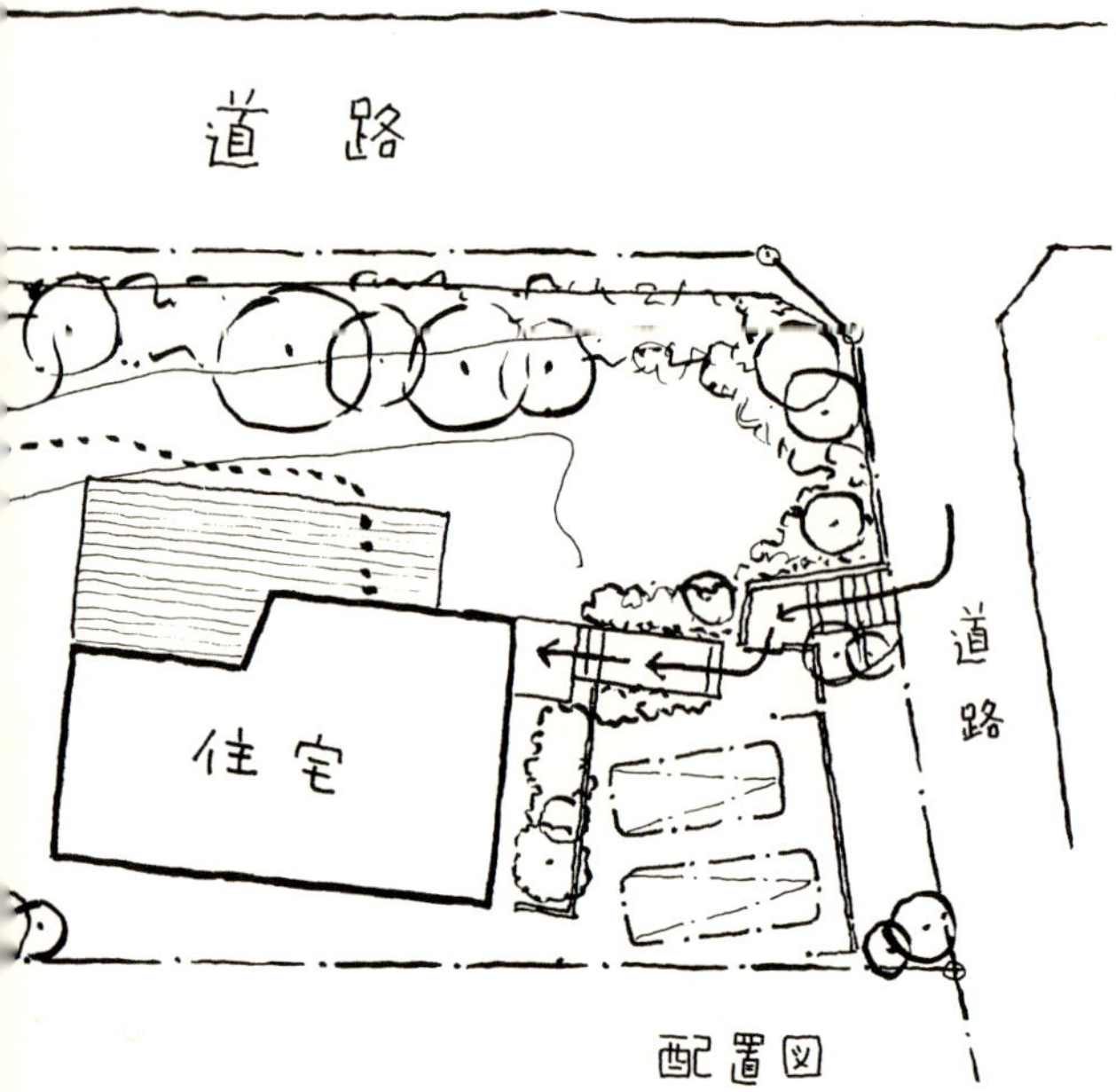

配置図

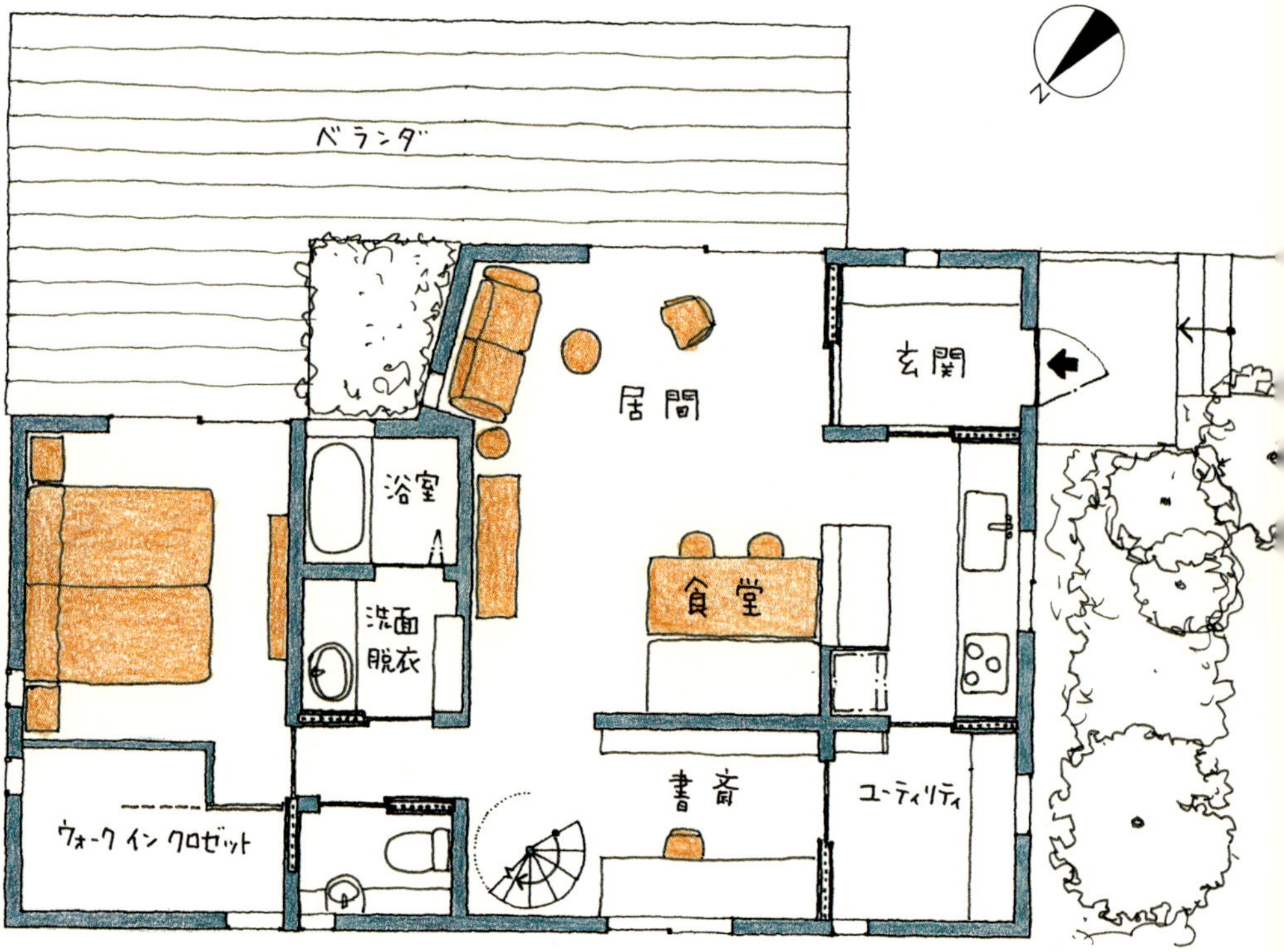

縮尺 1/100

1階平面図

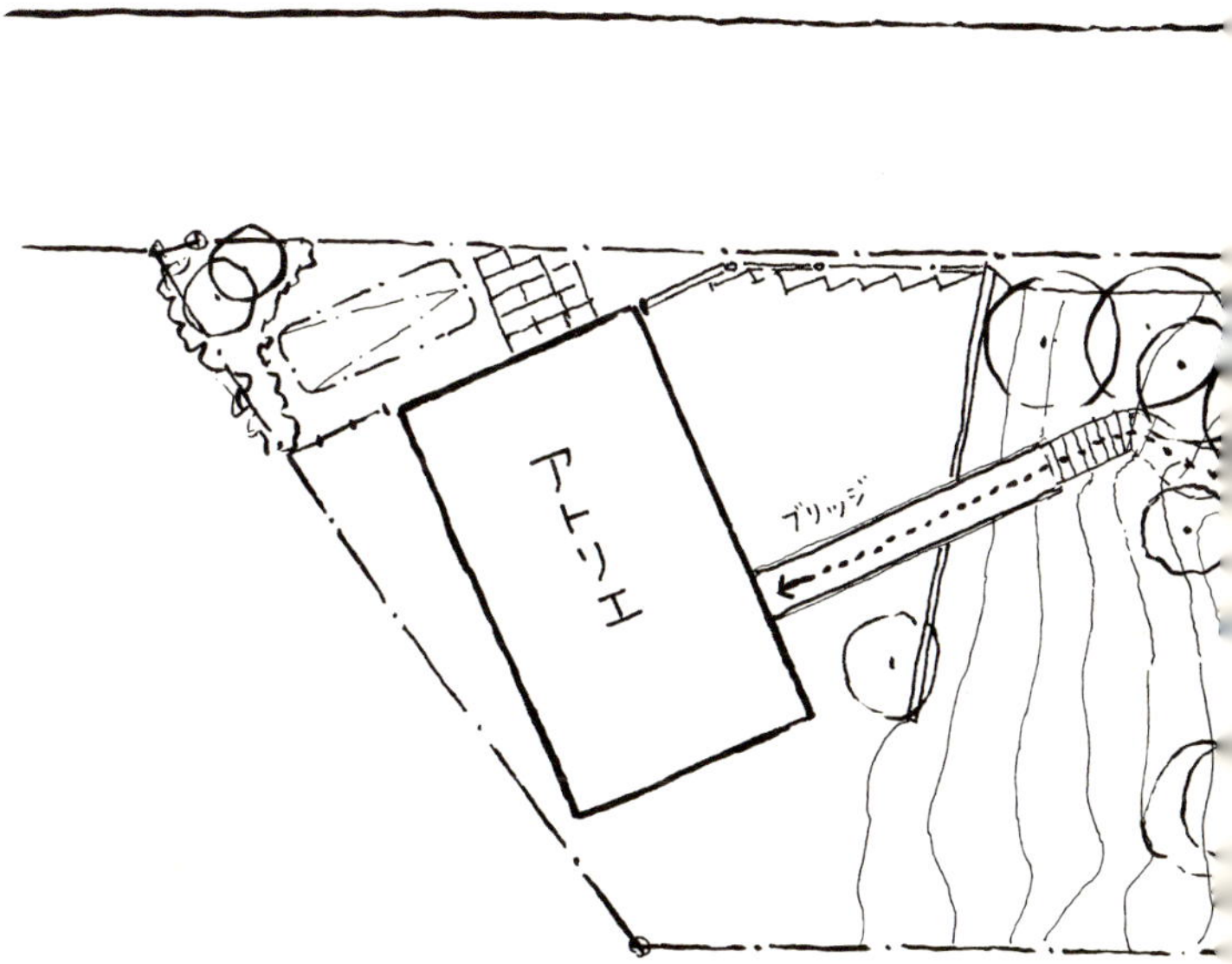

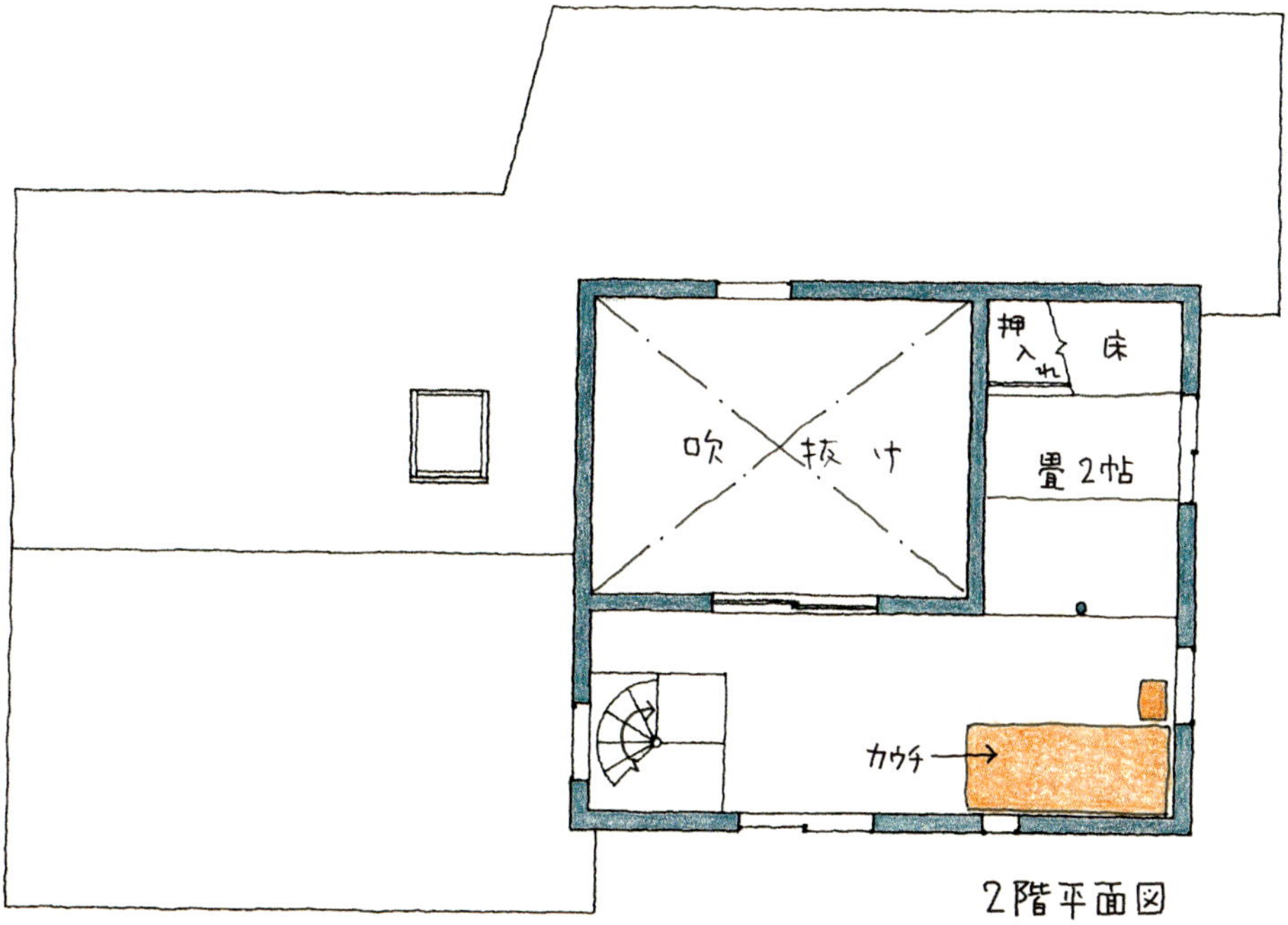

2階平面図

外構と庭のデザインは五十嵐さんと友人の吉村純一さんによるもの。たちまち生い茂ってくる雑草とそこに繁殖する虫たちを嫌って小石をビッシリ敷きつめた一種の枯山水。五十嵐さんは、この庭の傍らを通り過ぎ、樹木のトンネルを抜けてアトリエに通う。すまいと仕事場との間を行き来することで気分転換がはかれる理想的な環境。
左頁／樹木のトンネルを抜けて歩くことしばし、眼下にアトリエ棟が見えてくる。アトリエ棟の2階にブリッジを渡って入る。

アーティストのアトリエを覗き見るのは、作品を見るのと同じぐらい興味深い。いつ行っても完璧に整理整頓され、ピンと張り詰めた緊張感の漂う五十嵐威暢のアトリエ。五十嵐さんの作品のもつ独特の清潔感と透明感、そして研ぎ澄まされた感性が、このアトリエの空気に浸ったことでより深く理解できたように思う。

建築家は住宅は設計できるが、すまいの情景までは設計することはできない……、と思いつつも、情感の漂う住宅を目指したいと思う。はたから見て、せめて人の暮らしのぬくもりが感じられる住宅をつくりたいのである。大向こうを唸らせるコンセプトやテーマを声高に語ったりする前に「黄昏時が似合う住宅」というささやかなテーマを見失わないようにしたい。

[秋谷の家]

グラフィック・デザイナーから彫刻家へと鮮やかな転向をはかった五十嵐威暢《たけのぶ》さんは、八年ほど前（二〇〇二年）、十年あまり暮らしていたロサンゼルスのすまいとアトリエを引き払い、活動の拠点を日本に移すことになりました。

日本に帰ってくることになれば、すまいとアトリエが必要になるというわけで、どういう風の吹き回しだったかわかりませんが、一面識もなかった私に設計依頼の声が掛かりました。五十嵐威暢さんのデザイナー時代の目覚ましい活躍ぶりは畑違いの私でも重々承知しており、五十嵐さんといえば私にとっては遙かな高みにいる眩《まぶ》しい人でしたから、この話があったとき「白羽の矢が立つ」とか「抜擢」とかいう言葉が思い浮かび、柄にもなく緊張しました。

住宅の設計依頼といっても、その時はとりあえず日本に戻って来ることが決まっているだけで、日本のどこに住むのかさえ決まっていませんでした。その段階で、まず私がしたのは、とにかくロサンゼルスの五十嵐さんご夫妻のすまいを訪ね、そのすまいと暮らしぶりを見せてもらいながら、新築する家について話し合う機会をもつことでした。数回のメールのやりとりの後、私はロサンゼルスに出掛けていきました。

五十嵐夫妻のすまいは彼方に太平洋を見晴らす高級住宅地の高台にありました。ゆったりとした広がりのある家は、隅々までキチンと整理整頓され、所帯じみた感じのまったくない、それはそれは美しいすまいでした。私は、その透明感のある家の空気に一九五〇年代の初頭にロサンゼルスを中心に一世を風靡したケース・スタディ・ハウスの匂いを嗅ぎ取っていました。

いつもならこうした観察や、その場で受けた印象が実際の設計の重要な手掛かりになるのですが、五十嵐さんの住宅に関してはこれが裏目に出ました。というのは、ケース・スタディ・ハウス的なカッコよさを意識し、水平の庇を大きく四方に跳ね出した私としてはそれなりに自信作だった基本設計案が、五十嵐さんにやんわり突き返されてしまったからです。その時、五十嵐さんは物静かな口調で次のように言われました。

「ナカムラさん、ぼくはね、もうカッコのいい家はいらないんですよ。そういう家は、日本でもロスでもさんざんやってきましたからね……」

ありゃ？、ありゃりゃ？　先ほど私は、「どういう風の吹き回しだったかわかりませんが……」と書きましたが、五十嵐さんの中で「カッコのいいものはいらないから、ナカムラに」という「風の吹き回し」があったわけです。この「抜擢」を喜ぶべきか、悲しむべきか……それが問題でした。自分の気持ちを整理しかねた私は「困惑」という言葉を顔に貼り付けたような表情をしたに違いありません。

玉縄《たまなわ》の家

疲れを癒してくれる、とにかく帰ってきたい家

この家は、住んでいるうちにどんどん好きになってきました。友人が集まって、このリビングで食事したり、お酒を飲んだりしながらおしゃべりをするんです。みんなもこの家が好きになって、私の気付かないよさを教えてくれたりします。

私は国際線のキャビン・アテンダントをしていて、フライトで何日間も海外に出ていることが多い。中村さんはとてもきつい仕事だから、と帰ってきたときに安らげる家にしたいと思って下さったそうです。脚を投げ出して床に座れるようにと、リビングはソファを置くのではなくピット式にしていただきました。暖炉の上にあるレタリングは自分で書いたものです。聖書の言葉で私のとても好きな言葉。ラテン語で「月も星も神がそこに配置されたもの」という意味です。お風呂もゆっくり身体を休められるようにと、中村さんが三つだけつくったという卵型をした高野槇製の浴槽のひとつを使って下さいました。

一度、台湾への日帰りフライト勤務の翌日に打ち合わせがありました。そのときに「勤務中どれくらい立っているの？」と聞かれて。「乗務中は十時間くらい立ちっぱなしのこともあり、その間に座れるのはごくわずかです」と、そんな話をした次の日に、洗濯場の位置が一階から二階に変わったんですよ。たぶん、二階に暮らしていて一階まで洗濯に下りるのは大変だろうと思って下さったんでしょうね。最初は、一階の今納戸になっている場所が水回りになっていて、家事は下の階、上の階はリラックスする場所、と分かれていたんです。でも、生活全部が二階で済むように変更されました。それは大正解でした。もしあのまま水回りが一階にあったらけっこう大変だったと思います。

庭は私にとって、とても大切なものです。仕事から帰ってきたら、家に入る前にまずは庭の木々に水やりをします。この家に住んでいると、庭づくりもやるし、暖炉のまき割りもするし、すごく生活力が身についた気がします。

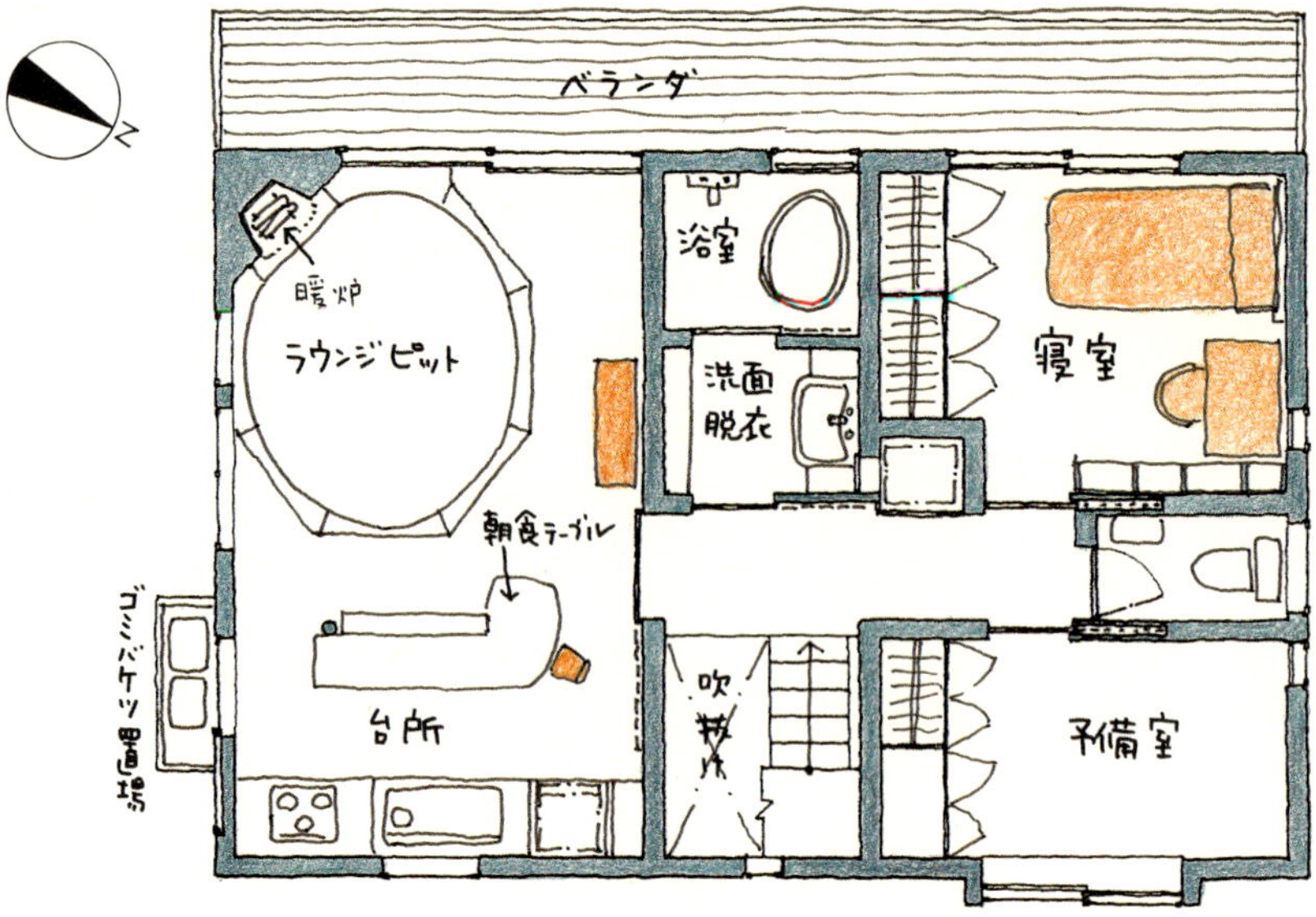

2階平面図

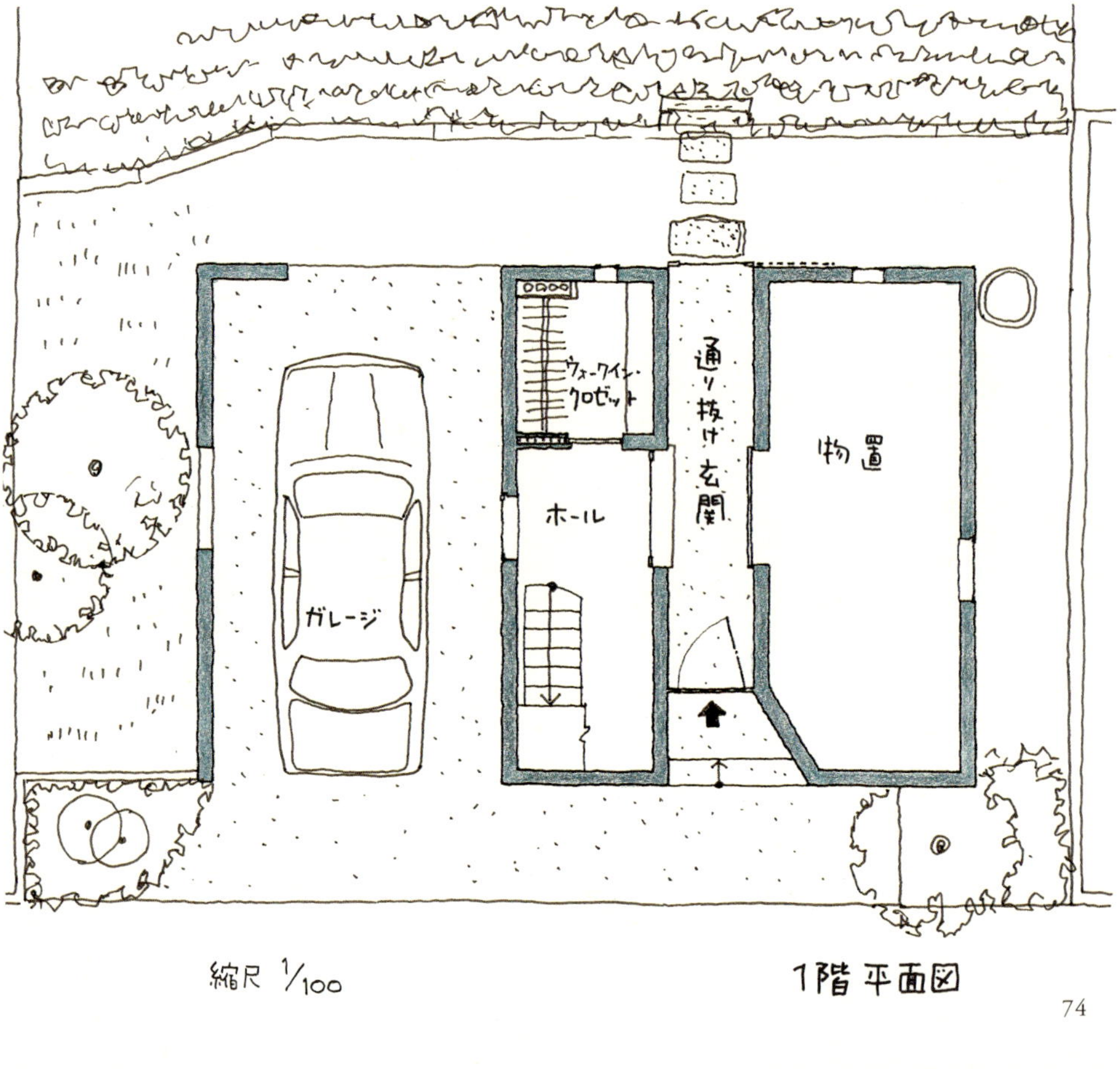

縮尺 1/100

1階平面図

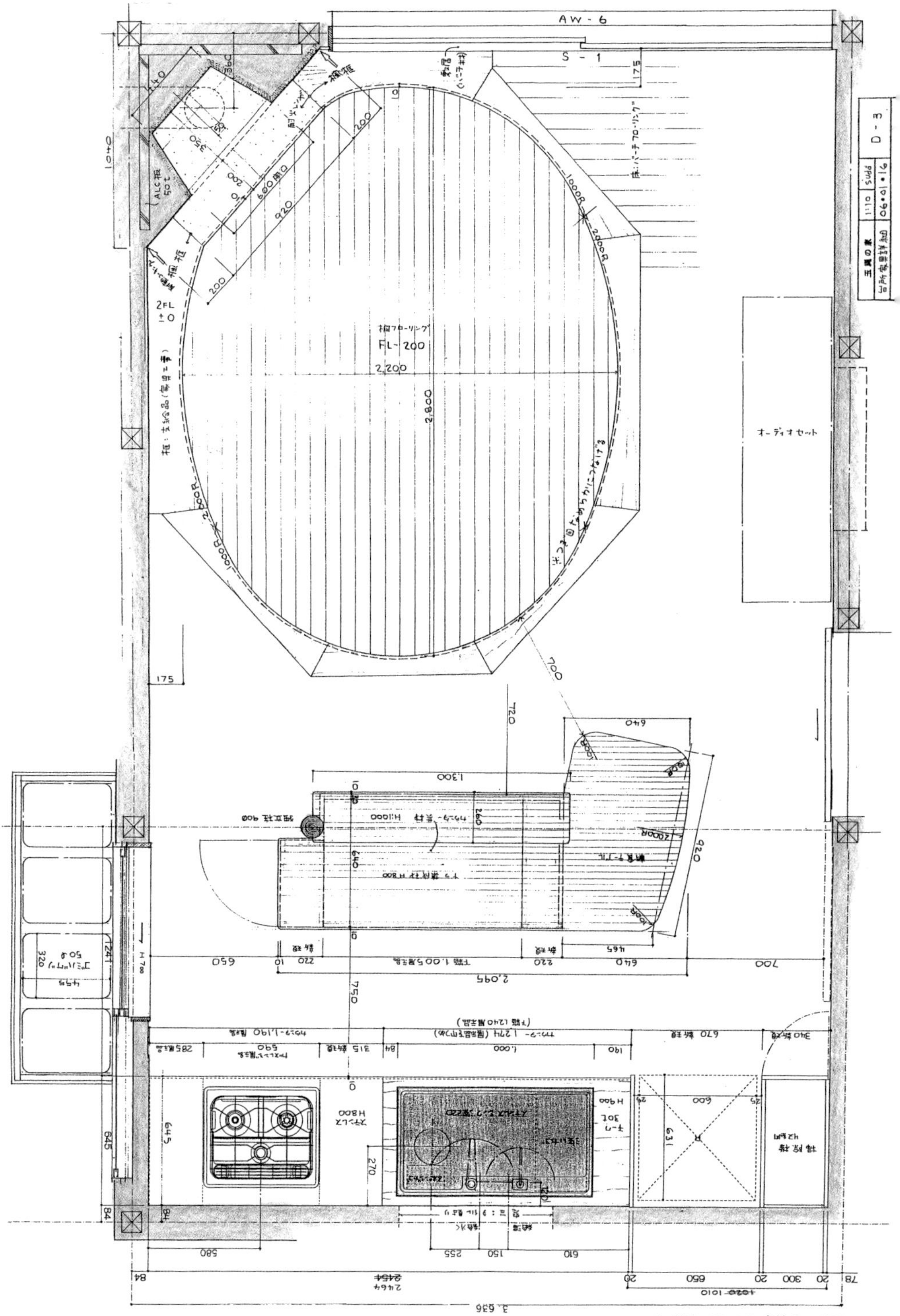

2階平面詳細図

TARUI

ガルバリュウムの小波板で包んだ簡素な外壁の一部を切り込み、内側を板張りにした箱がはめ込んである。この板張り部分が玄関である。玄関ドアを開ければ土間がまっすぐに建物を貫いて庭に至る。一方、ガレージも建物を貫いて庭側に抜けている。庭は西側の谷に向かって大きく景色が開いていて眺めがよい。建物を貫通するこの大小ふたつのトンネルが視覚的な効果と開放感をもたらしてくれる。

住宅をいつもすっきりさせておくためには、たっぷりとした広さの納戸や物置が必要になる。この家は2階に居住部分を充て、1階には土間からから直接入れる大きな物置と、玄関ホール側から入る靴とコートと鞄のための大きめなウォークイン・クロゼットを設けた。靴を脱ぎ、コートを脱ぎ、フライト帰りの荷物などもすべて1階に置き、2階には手ぶらで身軽に上がっていける。大きく張り出したベランダの下は暖炉用の薪や庭仕事のためのグッズ置き場として有効に利用されている。

寝室にはコンパクトサイズの書斎コーナーがある。
右頁／この家に限ったことではないが、白い壁とナチュラルな木部の色調は、私にとって定番のデザインといえるかもしれない。その木部も床材は楓《かえで》、浴室の壁と天井は檜《ひのき》、枠材はスプルス、家具や建具はシナ、ラウンジピットの床は桐、階段手摺りはウォールナットと、適材適所で使い分けている。

天井の高いゆったりした台所で料理をするTさん。配膳カウンターの一部は朝食用の小テーブルにしてあり、出勤前の忙しい時間にも手早く食事できる。時間厳守の仕事をもっているTさんのために、料理することと食べることを距離的にも意識的にも近くしておく必要があった。

左頁／ラウンジピットの片隅に設えた暖炉。銘板の言葉はTさん自身が手書きしたもの。キャビン・アテンダントという職業にふさわしい言葉として、私は自分の好きな歌の中から「Fly me to the Moon」という言葉を選び、半分ぐらい本気で進言してみたが、残念ながら採用されなかった。しかし、採用されないでよかったと思う。結果としては、Tさんの選んだ言葉はもっと彼女自身にふさわしいものだった（72頁参照）。

Lunam et stellas quæ tu fundasti

［玉縄の家］

『玉縄の家』のクライアントから設計依頼のメールを頂戴したとき、「ああ、メールというものはずいぶん気軽で便利なものだな」と思いました。手紙と違って時候のあいさつなど七面倒な前置きなしに、いきなり本題に入ってもあまり不自然な感じがしませんし、送受信の応答も会話並みの間合いでできるので、友人との気の置けないお喋りに近い感じが生まれます。メールだと、冗談が言いやすい、本音で話しやすい……ような気がするのですが、いかがでしょう？

最初のメールをもらった後、事務所で顔合わせをすることになったのですが、私は事務所への道順を知らせるメールに「もしかして、ここから？、というような入り口から入り、え、この階段を？　と思われるようなうらぶれた階段を昇りきった三階です。階段の途中で前途が思いやられ、引き返さないようにお願いします」と書いたのですが、このメールに対する返信は当意即妙、かつ、ユーモアたっぷりのものでした。仕事は幸先よくスタートしたことになります。

ところで、国際線のキャビン・アテンダントのTさんからの依頼のメールには次のような言葉がありました。

「敷地は狭いのですが、高くて見晴らしのよいこの土地に、空気も、空も、木も、光も、闇も、なんでも自然を肌で感じられる、何年経っても変わらない愛着のもてる家を建てたいのです（中略）フライト先で大理石を購入してきて台所の床などにも使いたいところなのですが、大理石の床なんて、料理とお酒好きでおっちょこちょいの私は食器を落として割りまくるのがオチだよ、と私のことをよく知っている友人は言います。」

こうした、なにげない文章の中にクライアントの人柄がはっきり滲み出ていると思います。数回メールのやり取りをするだけで、家のイメージはおぼろげながらその姿を現していきました。そして、あるときTさんから「居間にラウンジピットをつくってもらえませんか？」という話がありました。実を言いますと、食堂・居間が一体になったさほど広くない部屋にテーブルとダイニングチェアを置き、さらにソファを置いたりしたら、いっそう狭苦しくなってしまうなあ、と考えていた矢先でした。飛行機の中で立ちっぱなし、歩きっぱなしのTさんのために、家にいるときぐらい重心の低い、床に近いところでくつろがせてあげたい思っていましたので、さっそく彼女のアイデアを取り入れました。そして、楕円形のラウンジピットとその片隅にしつらえた暖炉が、この住宅の「とっておきの場所」になったのです。家が完成して半年ほど経ったころ、Tさんは、遊びに来た友人がつい長居することと、ワインが進みすぎるのが、このラウンジピットの最大の欠点だと、笑顔で報告してくれました。

目黒の家

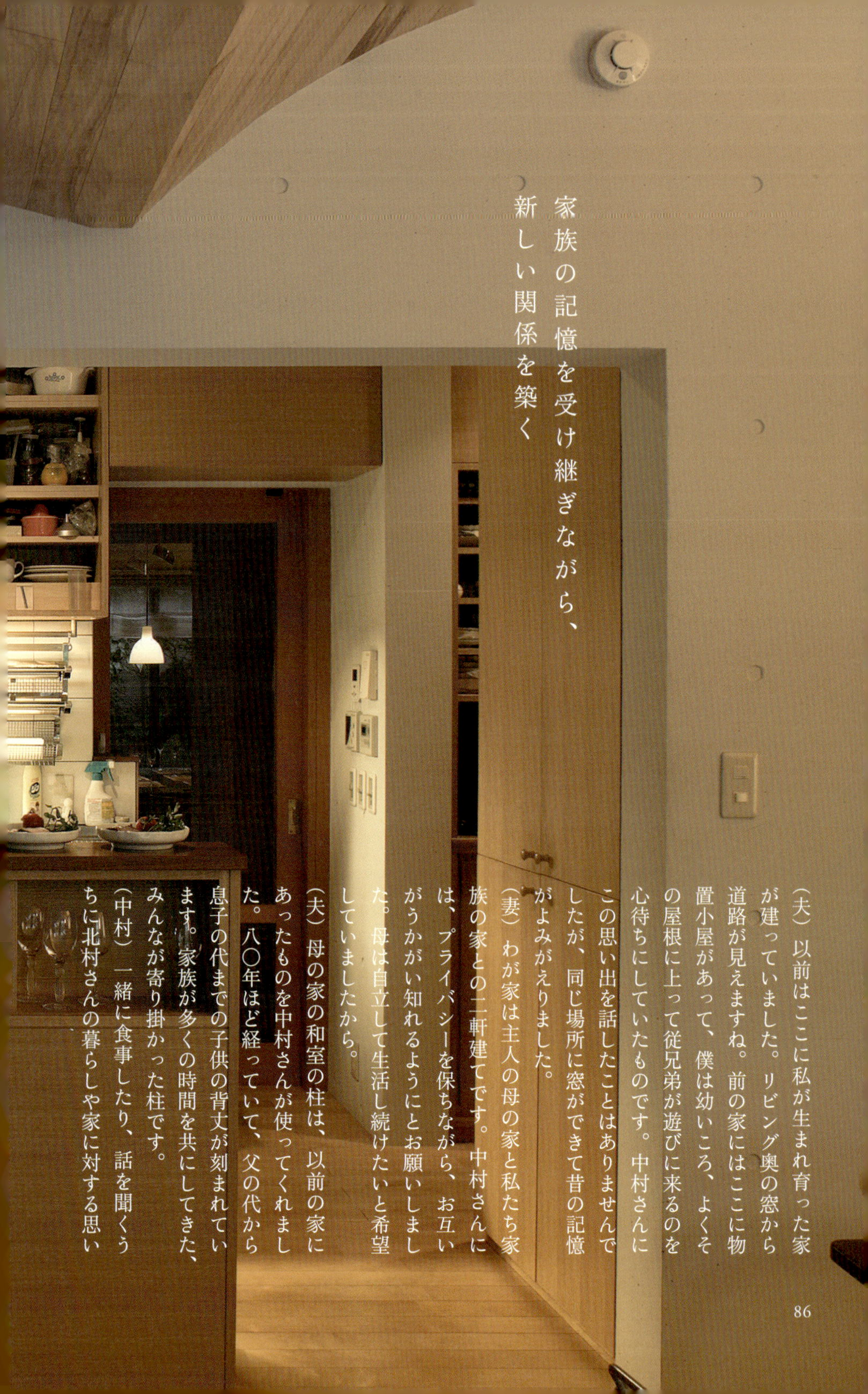

家族の記憶を受け継ぎながら、新しい関係を築く

（夫）以前はここに私が生まれ育った家が建っていました。リビング奥の窓から道路が見えますね。前の家にはここに物置小屋があって、僕は幼いころ、よくその屋根に上って従兄弟が遊びに来るのを心待ちにしていたものです。中村さんにこの思い出を話したことはありませんでしたが、同じ場所に窓ができて昔の記憶がよみがえりました。

（妻）わが家は主人の母の家と私たち家族の家との二軒建てです。中村さんには、プライバシーを保ちながら、お互いがうかがい知れるようにとお願いしました。母は自立して生活し続けたいと希望していましたから。

（夫）母の家の和室の柱は、以前の家にあったものを中村さんが使ってくれました。八〇年ほど経っていて、父の代から息子の代までの子供の背丈が刻まれています。家族が多くの時間を共にしてきた、みんなが寄り掛かった柱です。

（中村）一緒に食事したり、話を聞くうちに北村さんの暮らしや家に対する思い料理好きにとって自分好みに誂えた特注キッチンで料理できるのは至福の時にちがいない。来客を迎え喜々として料理に精を出す北村さん。背中と首の傾き加減で顔がほころんでいるのがわかります。

が伝わってきて、じゃあこういう家にしたらどうだろうと自然に導かれてきました。とくにこの土地はおじいさんの代からの記憶を受け継いでいますから、家が新しくなった後も、建物のどこかに家族の記憶を残してあげたいと思いましたね。

（妻）母はわりと内向的で、ひとりでいるのが一番幸せと思っているところがあって。でも私たちがいないとまた不安になってしまう。このくらいの距離がちょうどいいですね。

（夫）このテラスのおかげで、ひとつ屋根の下みたいな感じがあります。それぞれが家として自立しているのは、どちらも社会と向き合っているということなんです。二世帯というと普通は関係をくっつけようとしますが、関係を離すということがとても大切だとわかりました。

（中村）庭とテラスを共有したことで「つかず離れず」の関係がいっそう強調されたように思います。敷地に余裕があったからできたことで、設計の手柄というわけではないんですけどね（笑）。

食前酒とオードブルが並び、そろそろ食事開始。北村夫妻は阿吽の呼吸で最後の仕上げに余念がない。

左頁上／食堂と居間の天井は桐の縁甲板《えんこういた》で張られたヴォールト天井（かまぼこ型天井）で、カモメの翼のように軽やかにふたつの部屋を覆っている。食堂の床は床暖房を施した石張り。冬はほかほかと暖かく、夏場はひんやりと気持ちがいい。衝立て状のパネル壁の裏側に夫妻の書斎コーナーがある。

左頁下／食堂の奥に暖炉のコーナーがある居間のスペースが続いていく。

上／コーナーの窓からの眺め。ちょうど日傘を差してこちらに向かってしずしずと歩いてくる北村夫人をカメラマンの雨宮《あめみや》さんが見つけてパチリ！
右頁／居間とひとつながりになった畳敷きのスペース。正面に開けた窓から駅からこちらに向かう道が見える。北村さんは子供のころ、訪ねてくる従兄弟たちを、ちょうどこの位置に建っていた物置の屋根に上って待っていたという。

上2点／ジオ・ポンティの「建築を愛しなさい」という本には階段讃歌とも言うべき章があり、「私たちは階段で遊ぶべきです」と書かれていた。その教えを大切にしてきた私は、階段と階段の手摺りのデザインに自分でも異常だと思うほどの思い入れがある。はたから見れば「階段オタク」であり「手摺りオタク」ということになるだろう。そして、オタクにはオタク仲間が付きもの。私がデザインする側のオタクだとすれば、ウォールナット材の手摺りを削り出し、楢《なら》材の床板を取り付けるためにわざわざ長野県から駆け付けてくれる家具職人の横山浩司氏は製作側の階段オタクかもしれない。
下／高基礎で生まれた床下はワインセラーとして利用されている。
右頁／玄関と玄関ホール。敷地が道路より一段上がっていたため、ここで高さを調節している。緩い階段を4段上ったところが1階のレベル。正面の台所は通常は引き戸で閉ざしている。左手の開口部が部屋の入り口。

『目黒の家』の課題のひとつは、敷地内に母親棟と家族棟のふたつの建物を付かず離れずの位置関係を保って建てることだった。平面計画と平行して、いくつものスタディ模型をつくって検討した結果、棟の間に広々としたデッキを設け、デッキ伝いに母親棟と家族棟を行き来できる最終案にたどりついた。デッキと庭を共有していることでお互いの生活の気配をなんとなく伝え合うことができる。

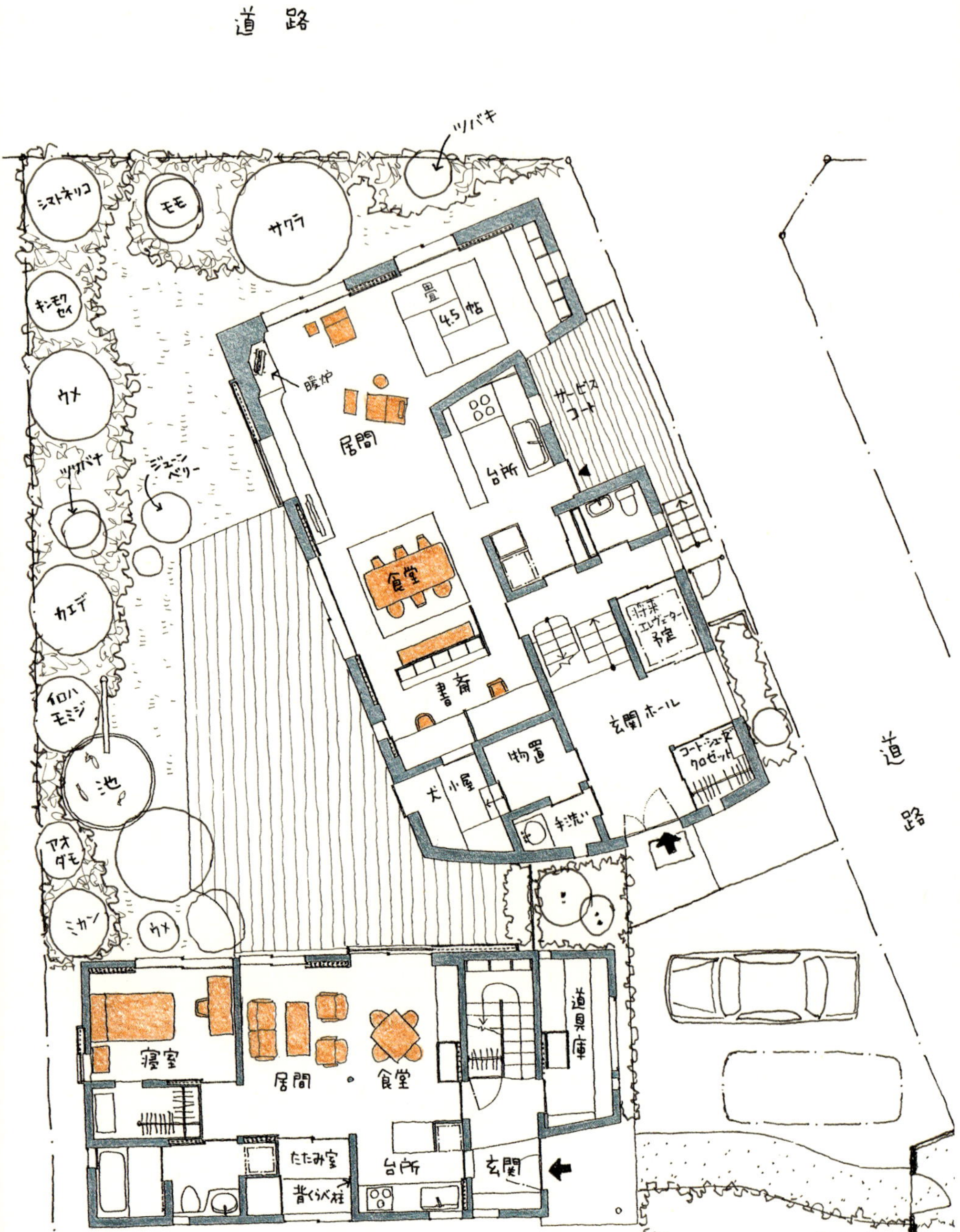
道路
ツバキ
シマトネリコ
モモ
サクラ
キンモクセイ
ウメ
ツリバナ
ジューンベリー
カエデ
イロハモミジ
池
アオダモ
ミカン
ウメ
畳4.5帖
暖炉
居間
台所
サービスコート
食堂
書斎
将来エレヴェーター予定
玄関ホール
物置
犬小屋
手洗い
コート・シューズクロゼット
道路
寝室
居間
食堂
道具庫
たたみ室
背くらべ柱
台所
玄関

1階平面図

ウォーク
イン・
クロゼット
寝室
浴室
洗面・脱衣
洗
物干
スペース
子供室
物
入
れ
エレヴェーター
スペース
(現納戸)
予備室
オドリバ
ルーフテラス

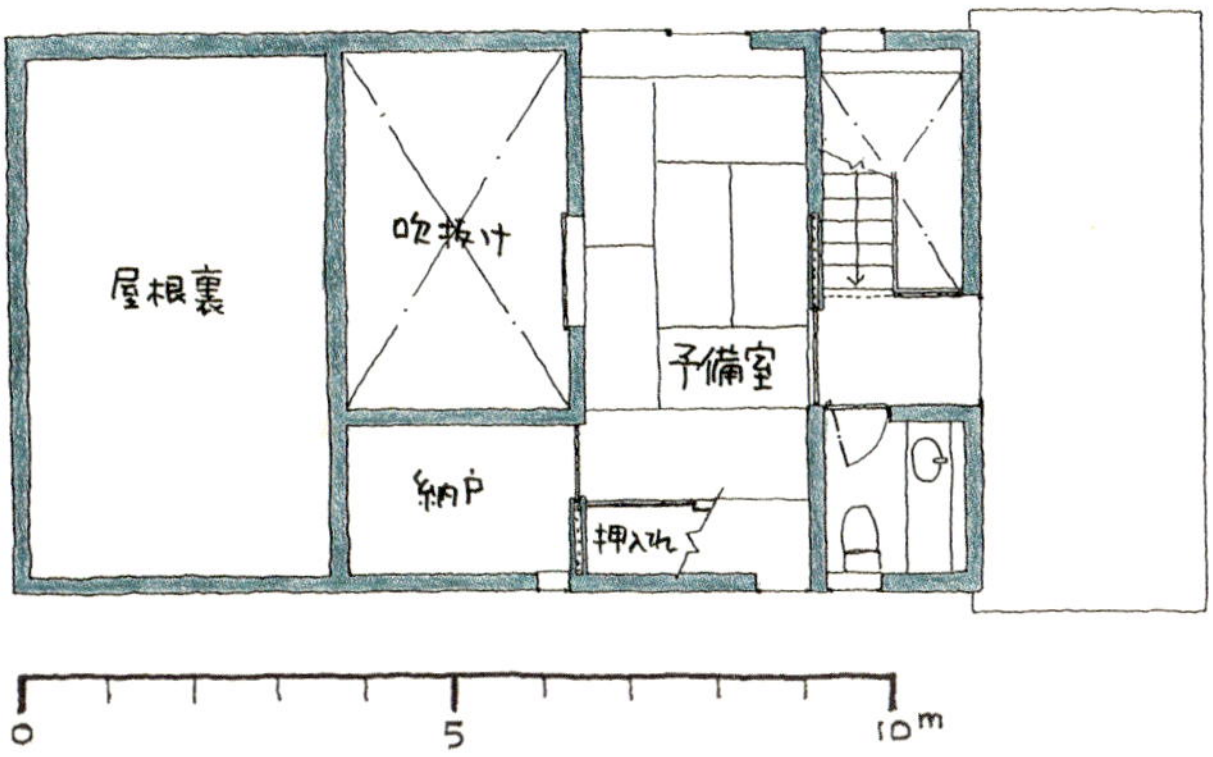
屋根裏
吹抜け
予備室
納戸
押入れ
0
5
10m

2階平面図

長年住み慣れた家を解体して建て替える場合、できれば元の家の記憶を新しい家のどこかになんらかのかたちで受け継げるようにしたいと思う。この家では、古い家の茶の間にあった北村家代々の子供たちの背くらべが刻まれた柱を解体時に丁寧に外しておき、母親棟の和室の壁の中心に「思い出柱」として移設した。

左頁／大切に使い続けてきた家具、長年自分たちの暮らしを見守ってくれてきた絵画や額、新しいすまいにひとつひとつ見慣れたモノたちが入ることで、部屋にしっとりとした落ち着きと安堵感が生まれるように思う。

ふたつの棟の外壁は同素材で色違いの仕上げ。
母親棟の屋根は瓦葺きで、以前ここに建っていた家の記憶を残している。
右頁上／以前からあった井戸のポンプにも古い家の記憶は残っている。万一の災害時に備えてそのまま使えるようにしてある。

[目黒の家]

『目黒の家』の敷地は閑静な住宅街の中にあり、築後八〇年あまり経つ木造の日本家屋に北村さんの母上がおひとりで住まわれていました。北村さん一家はマンション暮らしをしていましたが、母上も高齢に差し掛かってきたので新築に踏み切ることにしたのです。都内には珍しく敷地にもたっぷり余裕があったことと、母上が北村さん一家と心理的にも距離的にもほどよい位置関係のひとり暮らしを希望されたこともあり、「母親用」と「北村さん家族用」の、ふた棟《むね》をつくることになりました。このふたつの建物を、内容においても、外観においても、それぞれの住まい手にふさわしく、さらに周辺環境にとっても違和感なく溶け込ませることができるかを、設計者の私は暗黙のうちに求められたのです。

　ところで、大きな声では言えませんが、北村さんの現場監理はずいぶん楽をさせてもらいました。というのは、偶然にも北村さんの現場が私の事務所《アトリエ》の近所にあり、自転車でひとっ走りすればよかったからです。普段から飛行機や新幹線を利用して地方の現場に出向くことが多いので、現場が近いのは大助かりでした。この仕事を担当した菊谷志穂と私は自転車を二台連ね、颯爽と風を切って現場に通いました。

　楽をしたのは敷地が近かったことだけではありません。北村さん夫妻は私と同世代で、たくさんの共通点があり、打てば響き合うようなところがありました。共通点の筆頭は、北村夫妻と私は、食べることと料理することが好きな点です。私の料理は「ヘタの横好き」の部類ですが、北村さんのご主人は、外で美味しいものを食べて帰ると、じっと目を閉じてその味を思い出し、食材や調理法なども推察した上で、自らその味を再現してみる本格派です。そして、美味しいものを食べることの好きな人の御多分に漏れず、お酒をたしなまれます。

　もうひとつの大きな共通点は、ご夫婦そろって旅行好きなこと。毎年恒例の海外旅行の際は、北村夫人は事前に入念な下調べをして計画を練り、ホテルとレストランを予約しておく用意周到な旅行達者です。建物の完成後、菊谷とふたりして新居で北村さんの手料理をご馳走になっていたとき、たまたまヴェローナの野外オペラの話題になりました。北村夫妻はその夏のオペラのチケットをすでに手配済みだったのですが、私が「ヴェローナのオペラならぼくも観たい」と漏らしたことから話が盛り上がり、では、「完成打上げ」を兼ねて担当の菊谷ともどもヴェローナでオペラ見物をしよう、ということになりました。

　一か月半後。ヴェローナの円形闘技場《アレーナ》での、オペラ「椿姫」は月の出と共にはじまり、それが『目黒の家』の素晴らしい打上げ《フィナーレ》になりました。

ヒナカナハウス

家族四人の生活を、ありのままに受け入れてくれる家

かつての私たちは、いわゆる「かっこいい家」を夢見ていました。そこで営まれるであろう自分たちの生活など二の次で、イメージの中に遊んでいたのかもしれません。でも年齢を重ねるうち徐々に、私たちの生活をありのまま受け入れ、ときには乱雑さすら鷹揚に受け止めてくれる、さらにいやな緊張感や圧迫感を感じることなく、家族みんながくつろげる場所……。そんな住宅を望むようになってきました。もともと私たちは家族だけでのんびりと過ごす時間をとても大切にしていましたから、家にもよそ行きの気取りはまるで必要なかったのです。

私たちが中村好文さんに伝えたのは、必要な部屋の種類と、その部屋で何をして何を置くのか、また漠然と、どのような雰囲気の家であって欲しいかということでした。「家づくりは大変だったでしょう」とよく言われますが、それほど大変なことはありませんでした。中村さんと過ごす時間の中で、私たちは具体的な何かをあえて伝えるというよりも、む

しろ建築家の側から、私たちが言葉にできない何かをごく自然なかたちで汲み取ってもらいたいと思っていました。でも、それが結果としてとてもよかったのです。なぜなら、私たちは自分たちにとってどうあることが快適かという問いに対して確かな答えをもっておらず、逆にこの家に暮らしてみて、たくさんの心地よさを家から教えてもらったからです。

　実際に暮らしてみてわかったことですが、この家には独特の温かい静けさがあります。些細なことには動じない包容力もあり、それが私たちの生活をよい温度で包み込んでくれています。もっともうれしいことに、私たちの生活がすっぽりと収まっているのです。たとえて言うなら、腕のいい仕立て屋さんに、「あなたのはコレです」と言われて、「それはちょっとどうかしら?」と思いつつも袖を通すとぴったりだった……、という感じに似ています。身の丈、身の幅とともに、身の程までも見極めてつくってもらった家という感じでしょうか。（早川未弥子）

雪国の人たちは冬のあいだ中、積もった雪、屋根から降ろした雪の始末のことで頭を痛める。そこでこの家は降った雪は屋根に載せっぱなしにして、基本的には雪降ろしをしない無落雪《むらくせつ》型の平屋根《フラットルーフ》にした。1階の床レベルを上げてあるのも降雪対策からである。平らな屋根、敷地と道路との境界に塀のない開放的なつくり（これも雪害対策）。こうしていつもの私の住宅とはちょっと様子の違った「札幌スタイル」の家が誕生した。

前庭には玄関を通らずに食堂脇のドアから直接出ることができる。家族にとってはバーベキューをしたりする外部の居間であり、家庭菜園でもある。もちろん、子供たちにとっては格好の遊び場。完成直後に植えた樹木や草花は、早川家の暮らしがこの土地に根付くと同様、年々しっかりと根付いてきている。

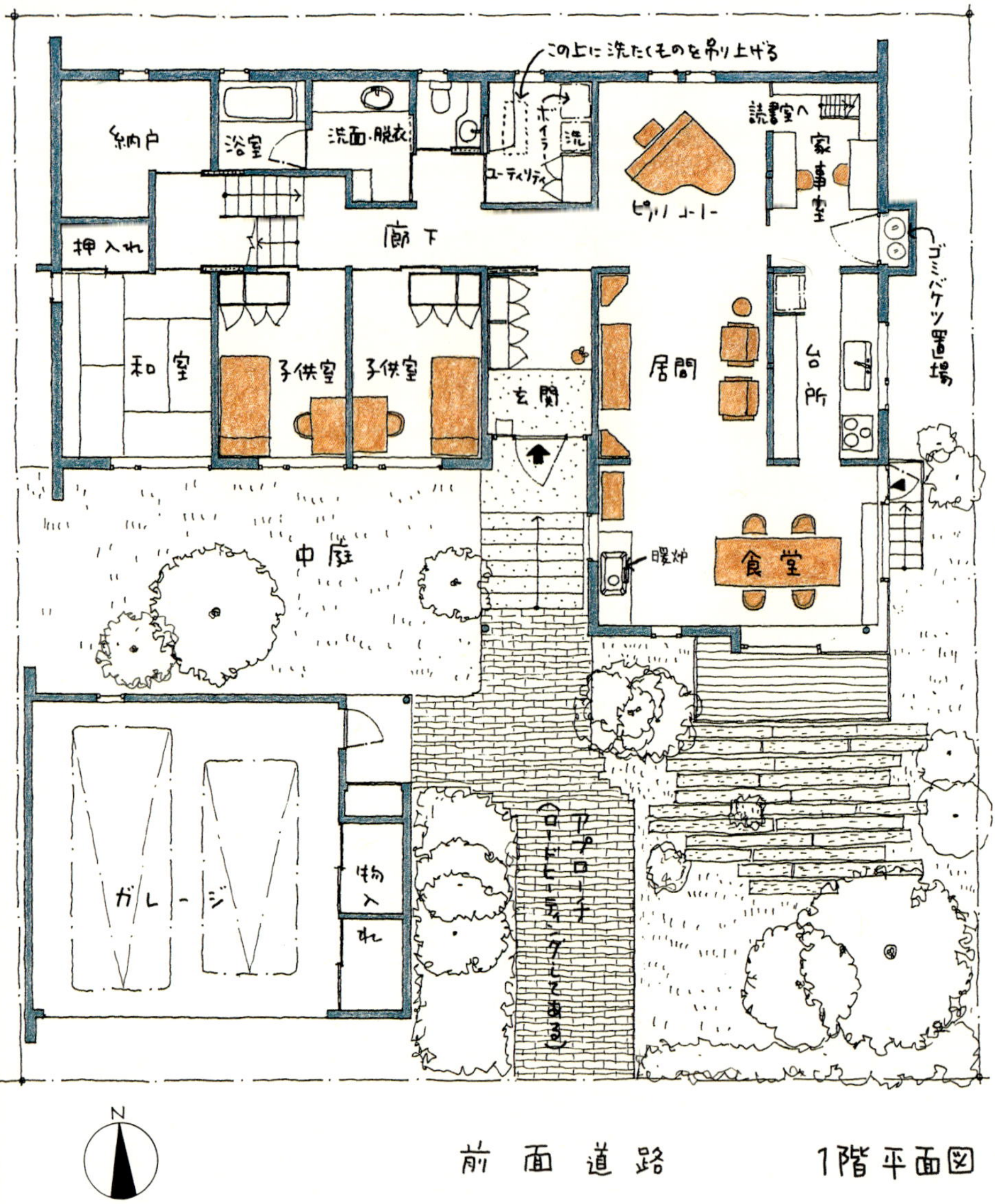

この上に洗たくものを吊り上げる
納戸
浴室
洗面・脱衣
ボイラー
洗
ユーティリティ
ピアノコーナー
読書室へ
家事室
ゴミバケツ置場
押入れ
廊下
和室
子供室
子供室
玄関
居間
台所
公園
中庭
暖炉
食堂
物入れ
ガレージ
アプローチ
(ロードヒーティングしてある)
N
前面道路

1階平面図

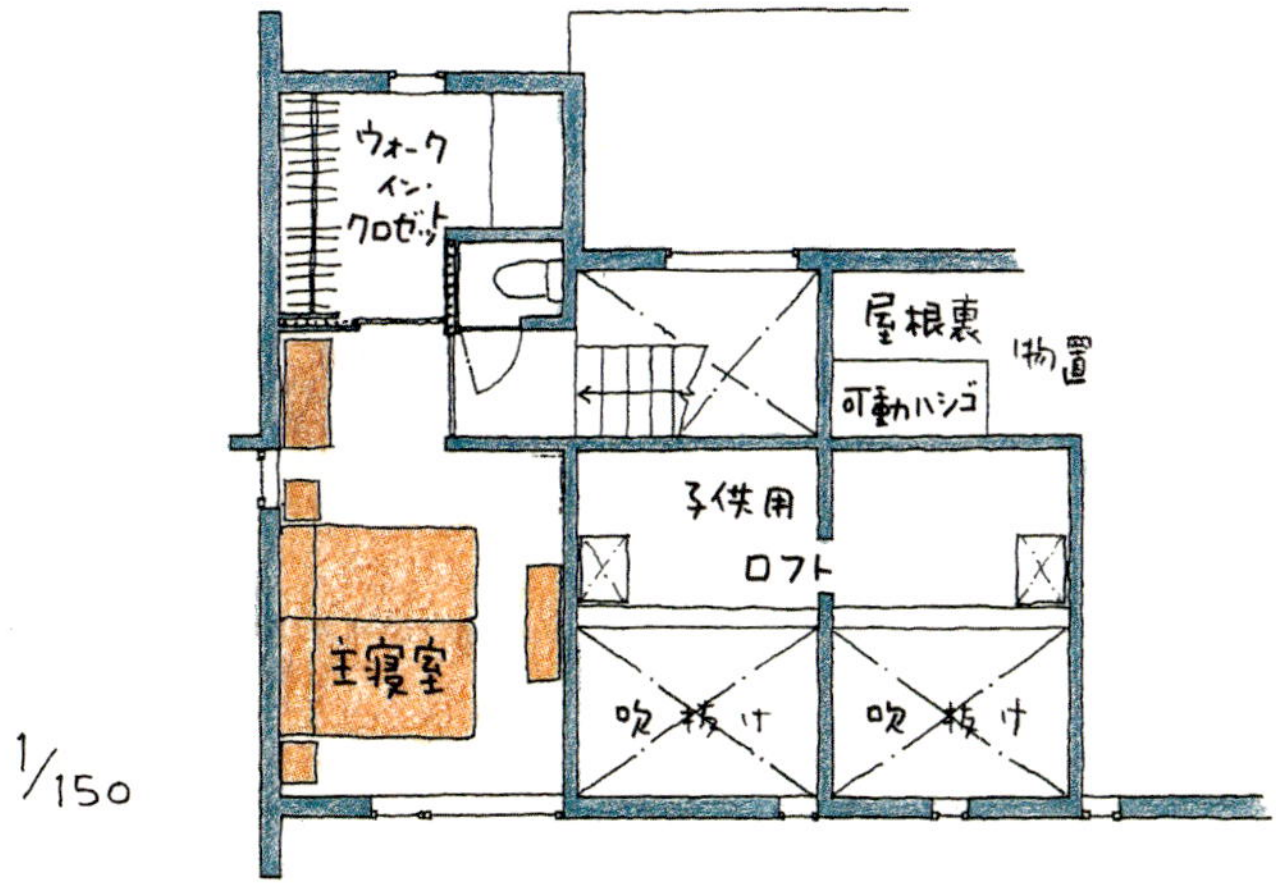

ウォーク
イン・
クロゼット
屋根裏
物置
可動ハシゴ
子供用
ロフト
主寝室
吹抜け
吹抜け
1/150

2階 平面図

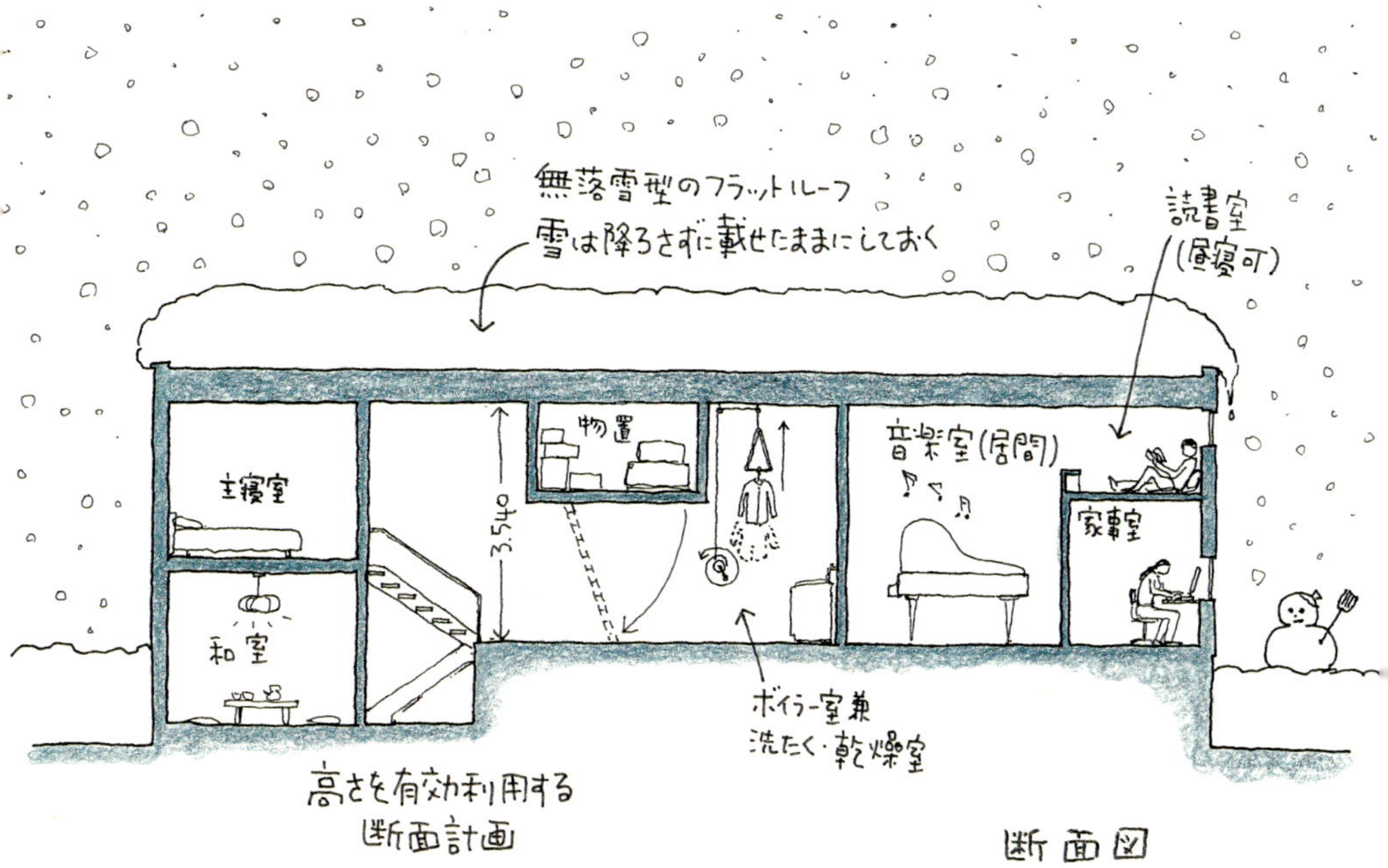

無落雪型のフラットルーフ
雪は降ろさずに載せたままにしておく
読書室
(昼寝可)
物置
主寝室
和室
3,540
音楽室(居間)
家事室
ボイラー室兼
洗たく・乾燥室
高さを有効利用する
断面計画

断面図

どの住宅にも、その家の暮らしの重心になる場所があるものだが、この住宅の重心は、食堂から奥に向かって流動的につながっていく台所、家事室、図書コーナーにある。このつながりに図書コーナーの上にあるロフトまで含めてもいいと思う。私がこのことに気付いたのは、家が完成し、早川さん一家が住みはじめてしばらくして訪れた時だった。そうなることは図面の段階である程度は予測していたが、実際は予想をはるかに上回るものだった。ここが東側にある公園に面していて眺めがよいこともあるだろうが、どうやらそればかりではなく、ここが早川夫人のテリトリーであり、この空間にいつも「母性の匂い」が漂っているせいだと思う。

き戸を多用する。引き戸を開け放ったときに、家全体に気配がつながって、ワンルーム的な感じが生まれることを期待してのことである。「個室群住居」という言葉もあるし、家族団欒も、夫婦の愛情も、子供との正しい関係もことごとく形骸化したと説く住宅論があることも承知の上だが、早川家のように正真正銘、一家団欒の核家族にはやはりワンルームの感じが欲しいのである。

ふたつ並んだ子供室はそれぞれ出入り口をもつ左右対称の個室だが、実はロフトでつながっている。ロフト部分が姉妹の隠れ家であり共通の遊び場である。グリップと踏み段を兼ねたはしごはこの子供室のためにデザインしたもの。

私の中には「可能な限り石油化学製品を使いたくない」という気持ちがある。とはいえ「自然素材以外は使わない」というほど頑固者ではない。わかりやすく言えば「古びたときに美しくなる素材を使いたい」のである。
建具にはめ込んだ御簾《みす》の素材、暖炉の床に使ったライムストーン、遮熱用の銅板、襖に張った糸を漉き込んだ包装紙、家具のシナ合板とチーク材、洗面カウンターの花崗岩、真鍮製の閂《かんぬき》錠……どれも私のお気に入りの素材ばかりである。
左頁／音楽好きの早川一家のために望月通陽さんにつくってもらったCDケース入りの表札。

早川夫人とふたりのお嬢さんは1日に何時間もピアノを弾く。この部屋は居間であると同時に、音楽が生活の一部になっている家族のための音楽室でもある。音響効果を考えて、天井が高く、奥行きの長い「シューボックス型」の空間にしてある。

左頁／雪に閉ざされる北国の住宅を少しでも明るく、開放的にしたいという思いが、空間の構成に表れている様子をご覧いただきたい。

家だけでなく、椅子もテーブルも照明器具も暖炉も暖炉の小物もすべて私のデザイン。早川さんは、まずこの椅子と大テーブルを買ってくれた後で、設計を依頼してくれた（126頁参照）。

雪景色の建物外観。撮影したときは雪が少なかったが、多い年は屋根の上に70～90センチ積もることも珍しくない。フラットルーフ、黒く染めた外壁、木製建具……、意識したわけではないのに、いつのまにか北欧風の風情の家ができあがった。

ロードヒーティングされたアプローチの小径を元気に突進してくるカナちゃん。暖炉から煙が立ち上り、冬の晴れ間の陽射しをいっぱいに浴びて、建物も日向ぼっこしているようだ。

[ヒナカナハウス]

「コウブンさーん！」と大声で叫びながら、私を見つけたカナちゃんが突進してきます。背後からは、これも満面に笑みを浮かべたヒナちゃんが追いかけてきます。

　現場監理の仕事は建築家にとってはいつだって楽しみなことですが、札幌の『ヒナカナハウス』の現場行きには、ヒナちゃん、カナちゃんという元気いっぱいのふたりのお嬢さんに会えるという、とっておきの愉しいおまけが付いていました。

　そもそも『ヒナカナハウス』の設計は、二〇〇五年の秋に札幌で開かれた「建築家の流儀展」というちょっと変わったタイトルの個展がきっかけではじまりました。展覧会は、たんに建築作品と家具作品を見ていただくだけでなく、作品が生まれた背景や建築家という人種の発想法もご覧いただこうという欲張った趣向でした。

　その会場に早川さん一家は何度も足を運んでくれ、子供椅子を買ってくれたり、ダイニングチェアを注文してくれたりしたあげく、三度目ぐらいのときには「大テーブルもデザインしてつくってもらえませんか」と言われました。「もちろん、いいですよ」と私は言い、冗談半分に「ついでに住宅も設計してあげましょうか？」と続けました。この言葉を聞いたとたん、早川さん夫妻は思わず顔を見合わせて、困惑の表情を見せました。普段から軽口による失言の多い私は「あ、また失敗した！」と首をすくめる思いでした。

　一週間後、ふたたび早川さん一家は会場に来てくれました。そして、晴れ晴れした顔で「私たち家族の家を設計してください！」と言われたのです。今度は私が絶句する番です。「もしかしたら先週の軽口のお返しですか？」と訊こうと思いましたが、おふたりの顔つきは真剣そのものです。こうしてまさに「瓢箪から駒が出た」ような感じで、早川さん一家の住宅の設計がはじまったのでした。

　札幌での仕事は初めてでしたが、私にはひそかなバイブル（「お守り」といった方がいいでしょう）がありました。雪の研究家であり、エッセイストでもあった中谷宇吉郎《なかやうきちろう》が、戦前、札幌に建てた自宅の設計のいきさつについて書いた『生活の實驗』というエッセイがそれです。中谷氏は科学者の立場から断熱や防寒に対する住宅の性能について考え、寒冷地の建物にふさわしい「札幌スタイル」の自宅を完成させていました。

　中谷氏の「科学する心」に敬意を表しつつ、音楽好きの早川さん一家のために、心おきなく演奏と鑑賞に没頭できる空間をしつらえ、長い冬を暖かく愉快に過ごせる工夫を随所に設け（昇降装置をつけた洗濯物干しはそのひとつです）、気持ちのよい季節にはお隣りの公園の緑を眺めたり、庭いじりを愉しんだりできるようにしながら、一方では、日照と通風に配慮した建物をさりげなく周辺環境に溶け込ませようとしました。

久《く》が《が》原《はら》のすまい

私のすまいに、いわゆる「建築家の自邸」らしさはない。新しい技術、新しい素材、新しい構造を積極的に取り入れているわけではないし、住まい方に対する目新しい提案があるわけでもないからである。そのかわり、自分たちにとって居心地のいい場所はいくつもつくってある。たとえば、玄関を入った右手にある広さ約1.8帖の私の書斎がそのひとつ。飛行機のコックピット並みの狭さは巣ごもりのようで、気持ちを集中して原稿を書いたり、読書したりするのに最適である。

ライムストーン敷きの玄関に上がり框《かまち》はなく、なんとなくこの辺というあたりで上履きに履き替える。上がり框という境界線がないおかげで床面が広々と見える。

左上／縦型の温水ラジエーターの脇は文庫本専用の本棚。この縦長の小さな本棚に約450冊の文庫本が入っている。
右下／浴室。腰までは玄関ホールの床と同じライムストーン仕上げ、壁と天井は檜《ひのき》板張り。浴槽は高野槇製でたまご型をしている。
右頁／この家にドアはなく出入り口はすべて引き戸。その引き戸を開けると広くはないが、狭すぎることもない寝室。障子戸とサッシュの間に遮光用のブラインドが仕込んである。

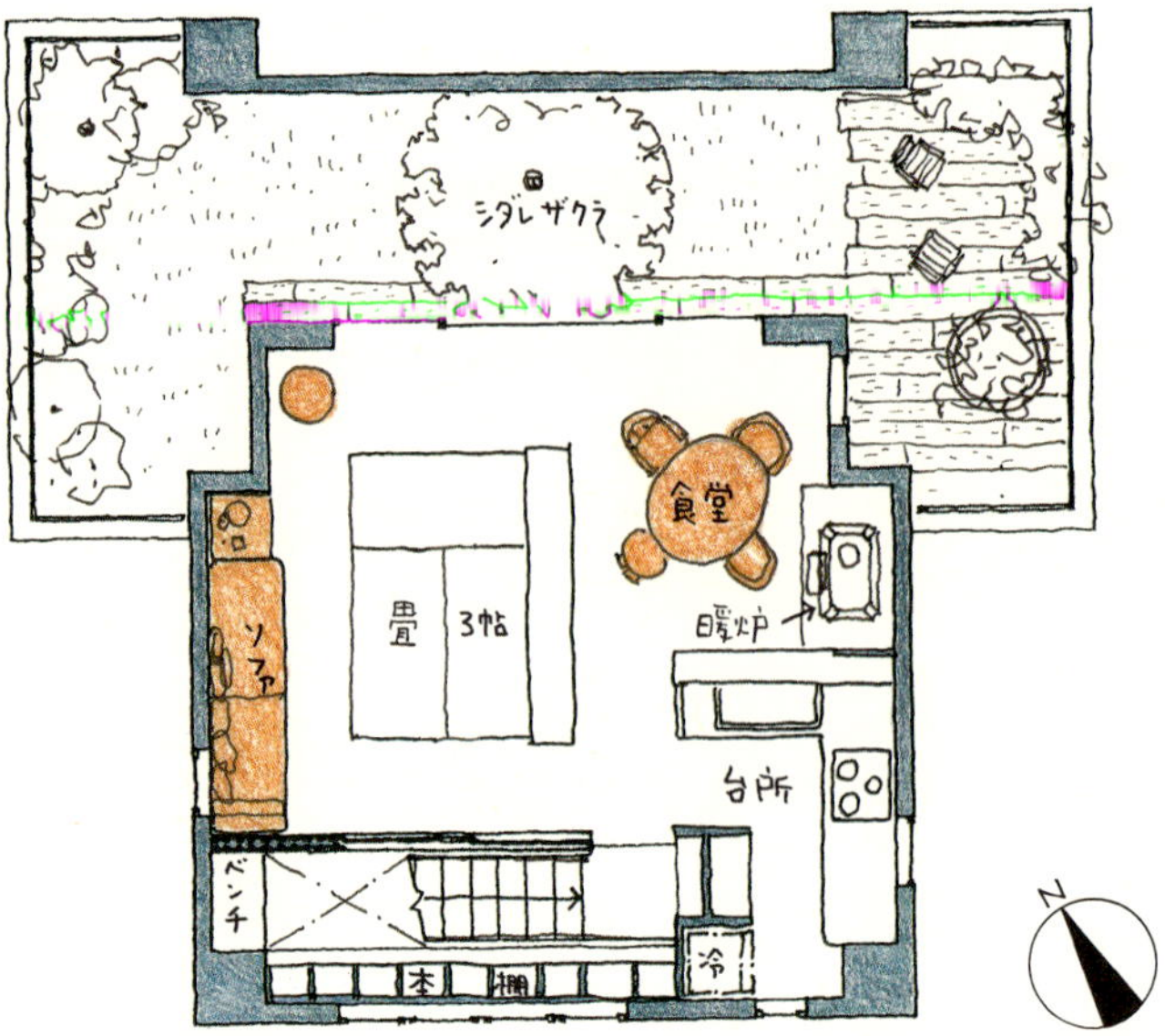

2階平面図

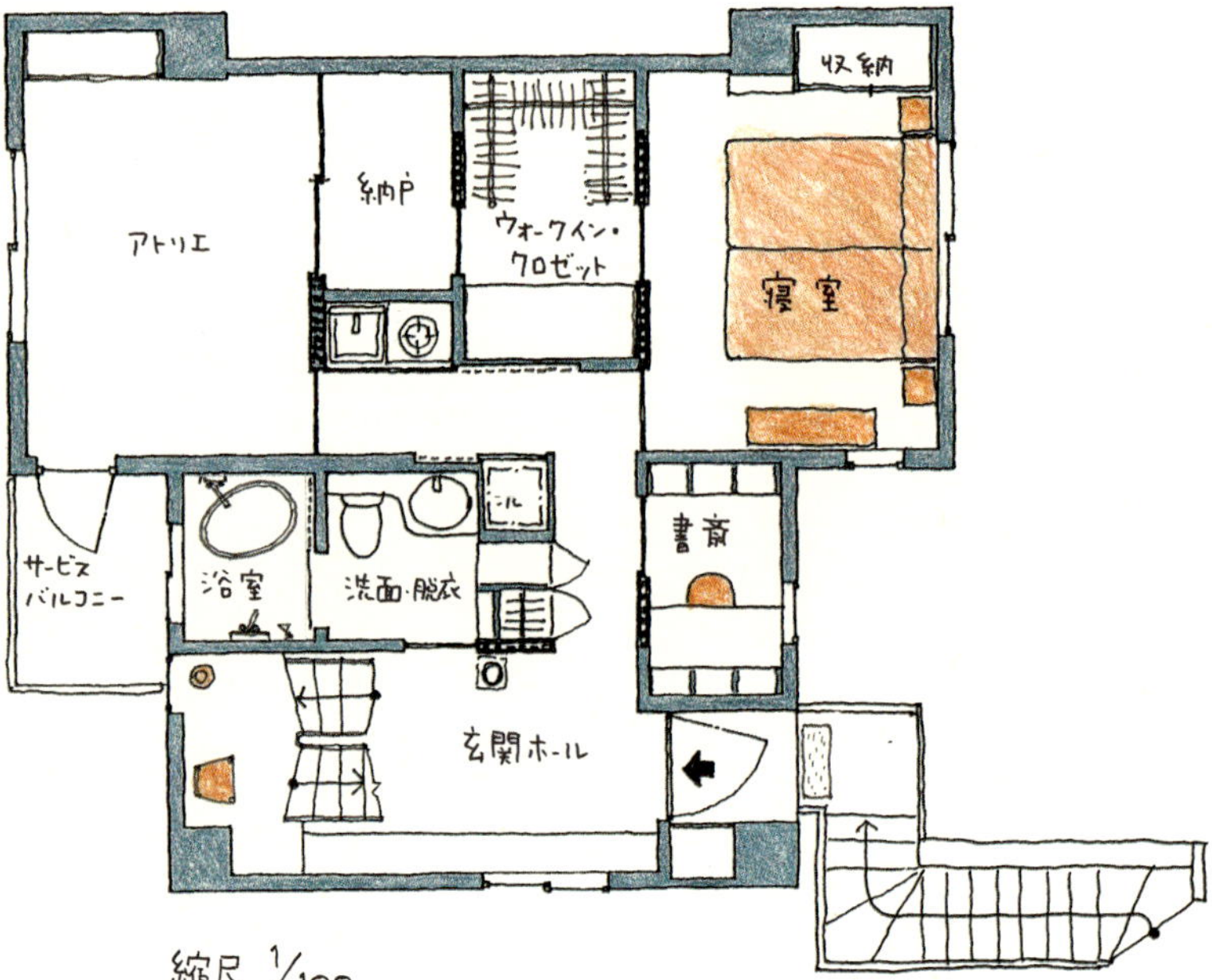

縮尺 1/100

1階平面図

「久ケ原のすまい」の

My Favorite Things

畳の上の椅子の上

暖炉の前のひととき

眺めのいいテラスで飲むビール

本の穴ぐらの読書三昧

（小さな）書斎の呻吟

木の香りに浸る入浴

どこの家でも階段の上部は吹抜けているもの。その吹抜けを有効利用しようと、壁面に本棚をつくり付け、その本棚用に、スライド式（手前）と跳ね橋式（奥）で、空中廊下が出てくる仕掛けを考えた。もとはといえば壁面から出っ張っている無骨なコンクリートの大梁を扱いかねての苦肉の策である。空中廊下で本を選んだ後で突き当たりの読書ベンチに潜り込み、読書三昧に耽けることができる。

土を入れたベランダには雑草が生い茂り、狭いながら原っぱのような風情を醸し出している。

「久が原のすまい」

世の中には引っ越しの好きな人がいます。

葛飾北斎が生涯に九三回引っ越した話は有名ですし、彫刻家の五十嵐威暢さんから、五〇回引っ越したという話を聞いたこともあります。このような根っからの引っ越し好きとはとうてい比べものにはなりませんが、私も大学時代にひとり暮らしをはじめたときから、あちらこちら引っ越しを繰り返してきました。そして、私の場合は、いつでもどこでも、引っ越し先を自分の好みと住まい方、わかりやすく言えば自分の「身の丈」に合わせて改修したり改造したりする作業がついて回りました。つまり、引っ越しはそのまま改修工事を意味していました。これまでの改修にかかった費用を考えると都内に土地を求め、小住宅ぐらいなら新築することもできたかもしれません。

「なぜそうしなかったんだろう？」

あるとき、そのことを思い返してみて、理由らしきものがふたつあることに思いあたりました。ひとつは、私の中にはどこか遊牧民的な性格があり、一か所に定住したくないという気持ちがあること。もしかしたら、このことは旅行好きとも関係があるかもしれません。見知らぬ国に行ってみたい、知らない街や村をさまよい歩いてみたいという想いと、都会のど真ん中にも、郊外にも、山間の村にも、海辺の町にも住んでみたいという想いの底には、同じ水脈が流れているような気がします。もうひとつは、すでにある部屋や建物を改修し、その空間での暮らしを身をもって体験することで、建築家としての勘とセンスと養うための実戦的なトレーニングをしたかったことです。

そんなことを考えているときに、同業の友人から建物を骨組《スケルトン》みの状態で貸してくれる新築マンションの情報が入りました。スケルトンは柱と梁だけのガランとした空間で約六メートルの高さがあり、外壁すらない状態です。わかりやすく言えばコンクリートの地盤を借地してそこに二階建ての建物を新築するようなものでした。賃貸契約期間は二〇年ですから、ますます借地に似ています。私はこのスケルトンを借りることにし『久が原のすまい』をつくりました。世の中には所帯じみたガラクタのたぐいを綺麗さっぱり拭い去り、選び抜いた家具調度だけでしつらえた美しい住宅もありますが、そういう人気《ひとけ》のない舞台装置のような住宅に、私たち夫婦のような雑駁《ざっぱく》な暮らしをしている心身共に軟弱な人間が住めるわけはありません。私にとって「すまい」はあくまで自然体で、気楽で、どこにいても伸び伸びと居心地よく過ごせる場所でありたいのです。

私が自宅で目指したのは、建築家の自邸という名の「住宅作品」ではなく、「普段着の住宅」という言葉にふさわしい市井の夫婦の「すまい」でした。

七つの別荘

ここからは別荘をご案内します。といっても、設計そのものは住宅と基本的には変わりません。しばらくは別荘として使い、ゆくゆくは生活の拠点をそちらに移して暮らしたいという希望をおもちのクライアントもいますからなおさらです。ただ、別荘の暮らしはほとんどの場合「食う、寝る」が中心の、ごくシンプルなものになりますから、その分、建物も簡素にできます。そういう意味で、建築家としては、贅肉を削ぎ落としたすまいの原型を考える上での大きなヒントになると考えています。

私はイギリスのユーモア作家、ジェローム・K・ジェロームの『ボートの三人男』を愛読してきましたが、その中で、作者はボートを生活の舟にたとえ、娯楽、形式、流行、体裁、見栄、贅沢、快楽などの厄介な積荷を投げ捨て「ただ必要なものだけを積み込んで生活の舟を軽やかにしたまえ」と説いています。余分なものを持たない質素な暮らしは、美徳であるといってもよいかもしれません。別荘暮らしは、そうしたことを身をもって体験できるまたとない機会といえるでしょう。

Rei Hut

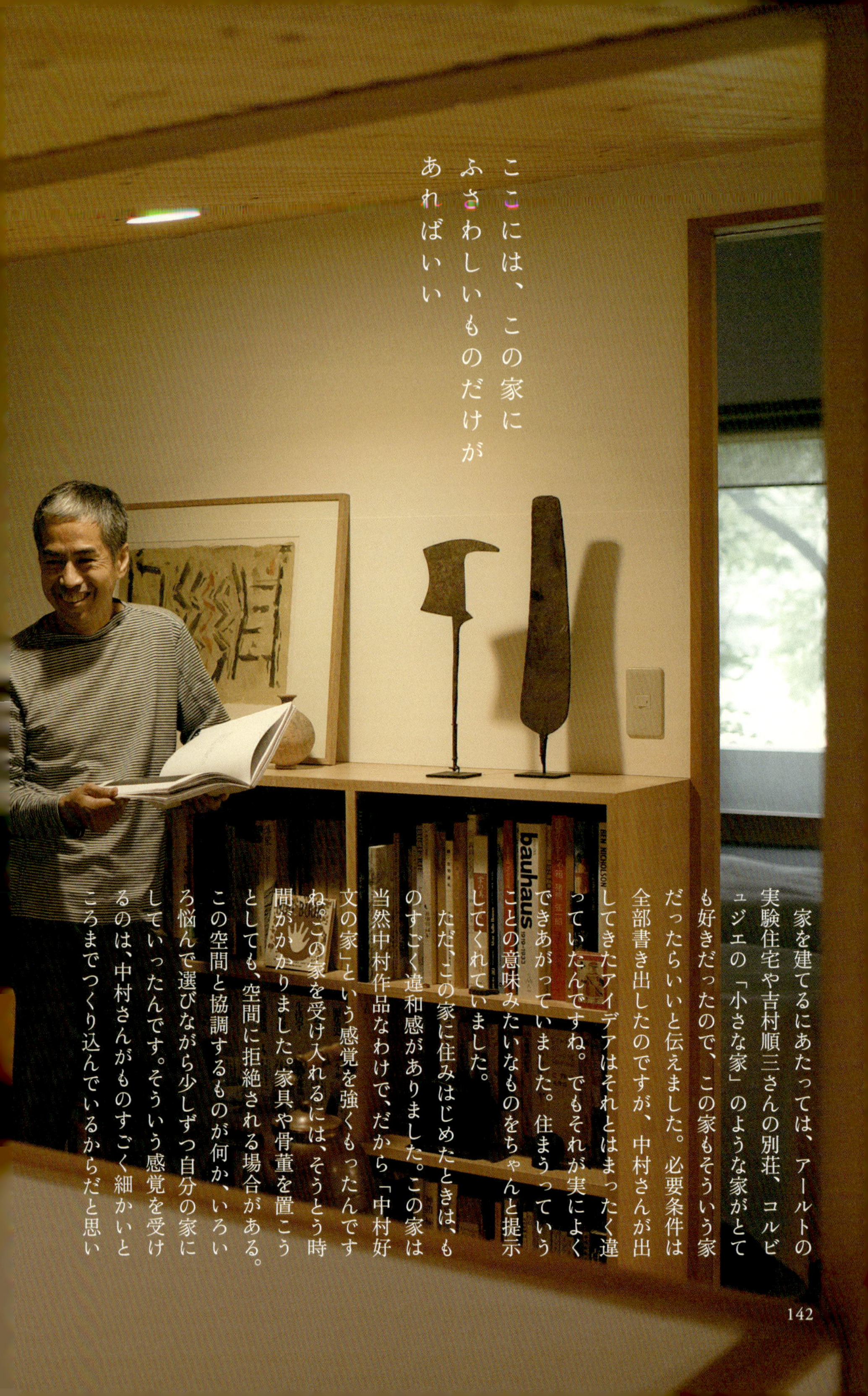

ここには、この家に
ふさわしいものだけが
あればいい

家を建てるにあたっては、アールトの実験住宅や吉村順三さんの別荘、コルビュジエの「小さな家」のような家がとても好きだったので、この家もそういう家だったらいいと伝えました。必要条件は全部書き出したのですが、中村さんが出してきたアイデアはそれとはまったく違っていたんですね。でもそれが実によくできあがっていました。住まうっていうことの意味みたいなものをちゃんと提示してくれていました。

ただ、この家に住みはじめたときは、ものすごく違和感がありました。この家は当然中村作品なわけで、だから「中村好文の家」という感覚を強くもったんですね。この家を受け入れるには、そうとう時間がかかりました。家具や骨董を置こうとしても、空間に拒絶される場合がある。この空間と協調するものが何か、いろいろ悩んで選びながら少しずつ自分の家にしていったんです。そういう感覚を受けるのは、中村さんがものすごく細かいところまでつくり込んでいるからだと思い

ます。「ここまでやらなくてもいいよ」っていうところが、もしかしたらあるのかもしれない。そういう部分が個人の好みと合わなかったときに、僕には違和感になって感じられたんだと思う。だけどそういう時間を経て住みこなしていくことは、決していやなことではないんです。

ここには自分がやりたかったライフスタイルがある。この家にふさわしいものしかなくていい。通常都会に暮らしていると、何か過剰に欲しいと思い、ゴミみたいなものがだんだん堆積していきます。ここでは住みはじめたときから、少しもものが増えていない。それが自分にとって「こういう家をもつこと」の意義なのです。木々に囲まれているから、夜になると周りが真っ暗になって何も見えないんですよ。月が出ている夜だけ、あたりの景色が見える。都会よりもはるかに充実した暮らしがあるとは驚きでした。でも、もともと暮らしっていうのはそういうものだったんじゃないかって、この家に住んでから思いましたね。（岡口存快）

晩秋の雑木林の中にひっそりとたたずむ『Rei Hut』。建物が必要以上に目立って欲しくない場所があると思う。私はそういう場所では外壁を黒くして風景の中に沈み込ませるようにしている。さいわいなことに黒はお喋りな色ではないので、新緑の中にあっても、紅葉の中にあっても寡黙に共存してくれる。

外壁を板張りにするとき、私は多くの場合は杉板を使う。そしてその杉板を縦張りにした上で、押縁《おしぶち》を付けることが多い。こうすることで外壁に光によって変化する立体的な表情が生まれるからである。

建物は深い緑に包まれてその身を隠したがっているように見える。その建物に近づき扉を開けたとたんに印象はガラリと変わる。中は白色の漆喰と素地仕上げの木の色である。玄関は大谷石敷の土間で、そのまま通り抜けて庭側のベランダに出て行くことができる。

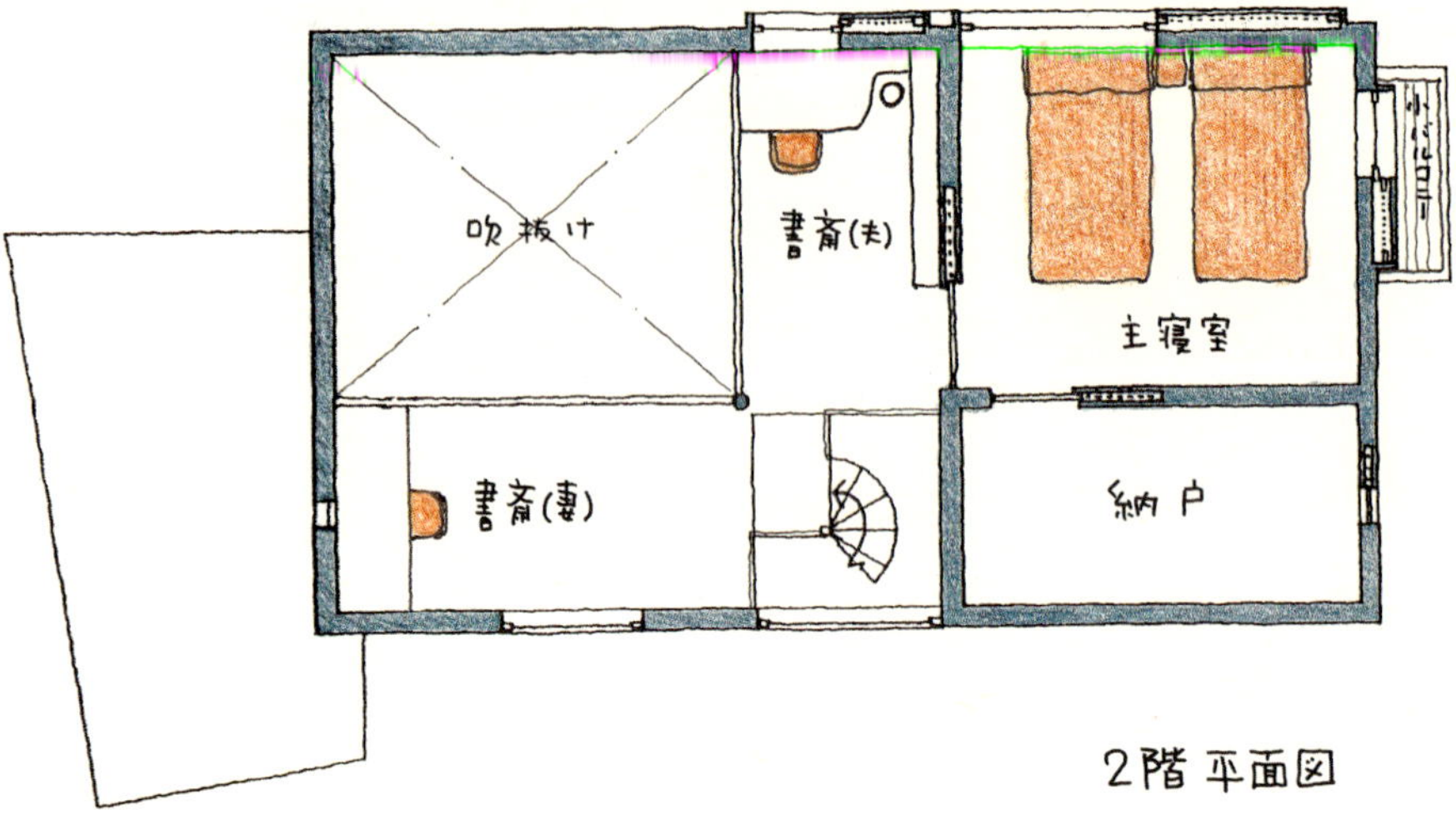

2階平面図

縮尺 1/100

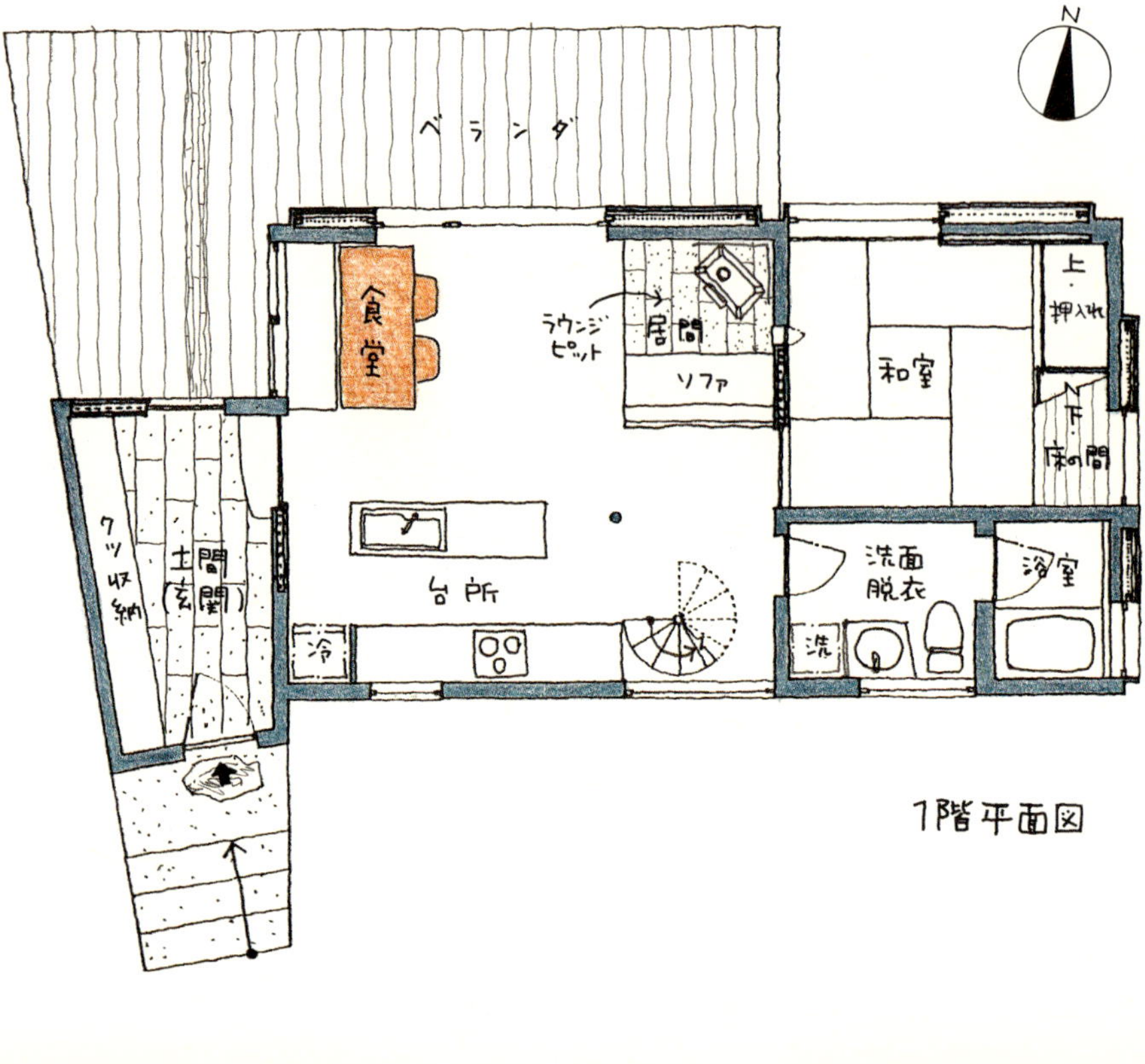

1階平面図

断面図

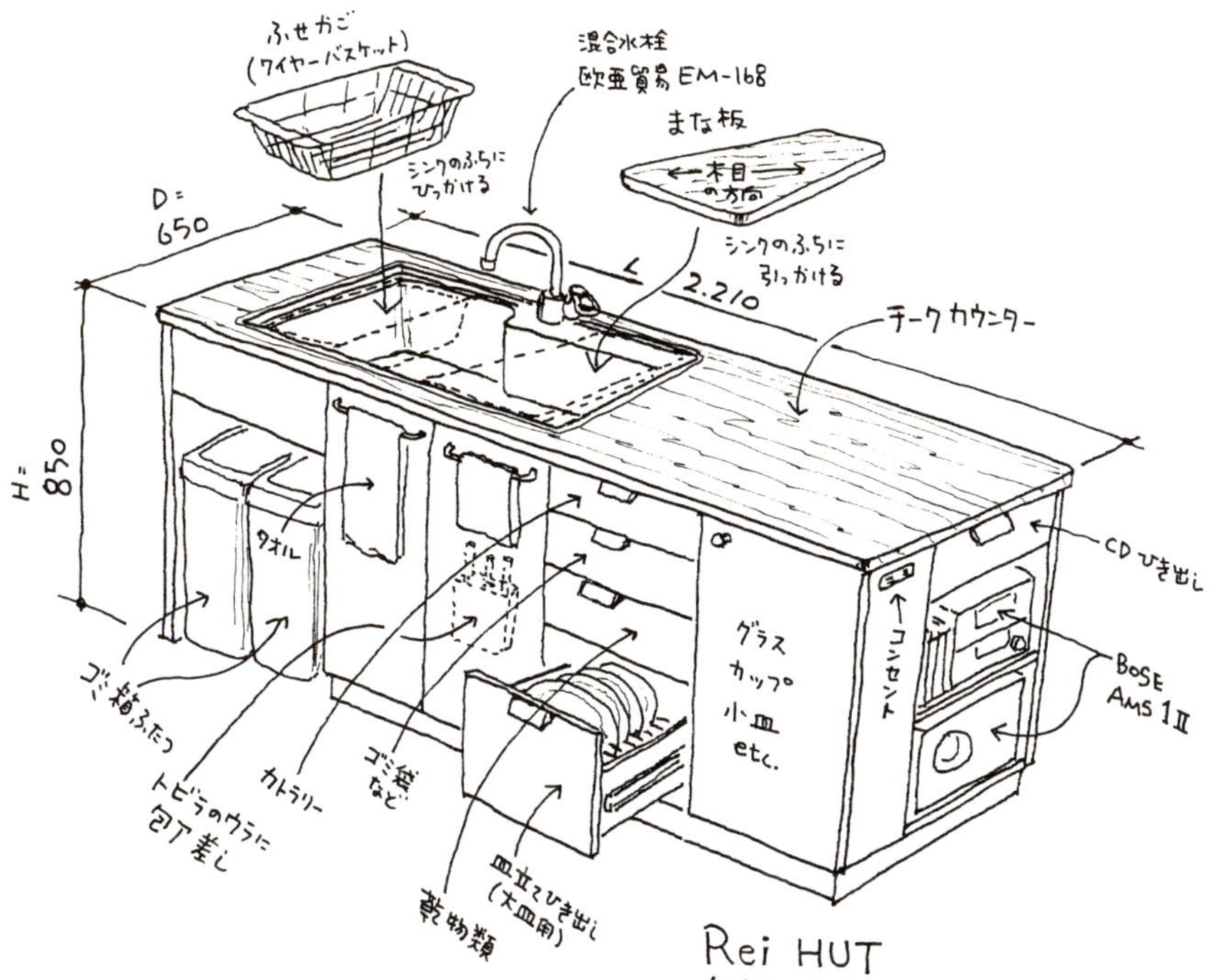

Rei HUT
台所 カウンター

低い天井の落ち着き、高い天井の開放感、この山荘では台所で料理し、食堂で食べることで、そのふたつの空間体験が交互に味わえる。台所のちょうど真上に夫人の書斎が載っている。

別荘の暮らしでは、食べたり飲んだりすることが大きな楽しみであり、ちょっとしたイヴェントでもある。眺めがよく、居心地のいい食堂、さらに、働きやすく、手伝いやすい台所でなければならない。台所はチークのカウンターにシンクをはめ込んだだけの簡素なつくりにして、大勢で取り囲んで作業することができるようにした。

左手に見える暖炉コーナーは一段下がっていて、ベンチの背もたれの板が、正面奥にある畳敷きのゲストルームへの廊下を暗示する。
左／2階から食堂と暖炉コーナーを見おろす。食堂の壁際にベンチをつくり付けて限られた面積を少しでも広々と有効に使うようにしている。

畳の部屋の小ワザ。岡口夫妻には娘さんがふたりいる。その姉妹が畳の部屋に泊まるとき、居間の様子をうかがったり、両親とちょっとした会話を交わすために設けた小窓。小窓のすぐ向こうが暖炉コーナー。
右頁／布団を収納する押入れを吊り押入れにして、下部を床の間風に開放しておくと床面を広々と感じさせることができる。布団を敷いて寝る場合、4帖半を6帖的に使うことができるのである。湿気の気になる布団が床面から浮いているところも嬉しい。

黒光りしてきた螺旋階段の楢《なら》材の段板。
右頁／一般の床から一段下げ、大谷石敷きにした暖炉コーナーは一種のラウンジピットである。ちょうどこのコーナーの上部に岡口くん用の書斎があり、天井が低くなっているので、潜り込むような感じがある。

吹抜けをL型に囲む妻用の書斎と夫用の書斎。片流れの屋根勾配をそのままあらわした天井が、次第次第に下がってきたどん詰まりの低いところに、夫人用の机がつくり付けられている。正面の小窓から谷川が見える。一方、夫の書斎は高さに余裕があり、ゆったりしている。机の脇を暖炉の煙突が突き抜けていく。前頁／主寝室。横長の窓もベランダに出る戸も木製の引き戸。壁は漆喰塗り、天井はパインの縁甲板《えんこういた》を裏返しに張っている。

[Rei Hut]

『Rei Hut』のクライアント、岡口夫妻との付き合いは古く、もう三〇年以上になります。岡口くん（私より三歳ほど若いのでそう呼んでいます）と知り合ったころ、私は吉村順三先生の下で家具デザインのアシスタントをしていました。吉村事務所は目白にありましたが、目白には坂田和實さんのやっている古道具の店「坂田」があり、その店で知り合ったのです。「坂田」は今でもそうですが、いかにも骨董品でございい、というような品は扱っていません。坂田さんの眼鏡にかなったものだけが、ひっそりと商売っけなく置いてありました。私も岡口くんも坂田さんならではの感性で選ばれたそうした品々が好きで、この店に出入りしていました。出入りしていたといっても、当時はふたりともまだ二〇代のペーペーですから、店に置いてある古い家具を撫でさすったり、珍しい小物を手にとって溜め息をついたり、坂田さんの古道具を巡る四方山話に聞き入ったりするだけで、めったに買うことはできないのでした。それにもかかわらず、坂田さんはちっとも嫌な顔をせず、ときどきは美味しい玉露を淹れてくれたりするものですから、ついつい足繁く通うことになりました。「坂田」は通勤の道すがらにありましたから、吉村事務所時代、二日に一度くらいの割合でこの店に寄って帰るのが私の習慣になっていました。

若いころの岡口くんと私は顔も背格好も似ていて、ときどき兄弟に間違われましたが、古道具の趣味はそれ以上によく似ていました。簡単にいうと欲しいモノがかち合うのです。今も私が愛蔵しているドゴン族の木製枕は、もともとは岡口くんが坂田で買ったものを、後に私が貰い受けたものですし、以前、私が自宅で使っていたシェーカースタイルの大テーブルは、岡口家に引き取られ、今も現役で使われています。

「いつか家を設計して下さいね」「ああ、いつでも、よろこんで……」若いころからふたりの間で何度となくそういう会話が繰り返されてきましたが、それが八年前にようやく実現しました。敷地は那須といってもよくあるような別荘地の中ではなく、牛が放牧されている草地を道ひとつ隔てた雑木林の中にあり、道と反対側の敷地境界には谷川が流れていました。岡口夫妻からも別荘に対しての要望書をもらいましたが、その要望書を読むより岡口夫妻の顔と人柄を思い浮かべるほうが役に立ちました。私の中に、岡口夫妻とふたりの娘さんたちが休暇を過ごすのに必要なものだけを盛り込んだ簡素な山荘をつくっておけば、あとは岡口夫妻が上手に住みこなしてくれるという気持ちがあったからです。設計で心掛けたのは、できるだけ床面積を小さくコンパクトに抑えながら、大らかな空間をつくること。家の中にたくさんの居心地のいい居場所をつくること。それから、畑仕事のために広めの「通り土間」をつくることでした。

クリフハウス

これこそが居心地のよい普段着の住宅

設計を依頼した当時は、東京での仕事中心の生活に疲れていました。逃避できる場所を求めていたんだと思います。そんなとき大磯のこの土地に出合いました。眼下正面に太平洋と大島や初島、右手には伊豆箱根連山そして富士山を望むこの土地は、まさに海を見ながら癒される、憧れの生活ができる場所でした。

初めはフル装備的な家を希望していました。最初の提案はもう少し広い家でしたが、何かしっくりこない違和感がありました。本当に求めているものはもっとシンプルなものだったんだと思います。

正面に極大贅沢な庭があると考えれば、余計な空間を家の中に確保する必要はありません。そして無駄のないすまいにこだわりはじめ、ライフラインも独立させることも試みました。でも限られた予算内での風力とソーラーの発電では冷蔵庫一台を安定的に動かすこともできず、しぶしぶあきらめました。最終的に設計にあたっての要望には寒さをしのぐ暖炉と、波乗りや散歩のあと快適に過ご

せる風呂だけになりました。ただしイメージ的な言葉は伝えましたし、今後家族が増えたときのために増築が可能なプランもお願いしました。一回目の提案では、建て坪が二〇坪から十二坪に削り直され、最小限の要素にまとめられた、ほぼ希望通りのプランでした。まさに「簡素だからこそ贅沢な家」でした。

小さい家ですが、キッチンの広さは切り詰めていませんし、海と富士山が眺められるお風呂には木曽の桶屋さんにつくってもらった高野槇の浴槽を入れました。そして予算がギリギリになっても死守した楕円形のつくり付けの暖炉とソファベンチ。ベンチは来客用のベッドにもなります。そんなふうに楽しく豊かに暮らすための工夫が随所に盛られています。

この家はどんどん身体になじんでくる気がします。これこそ居心地のよい普段着の住宅だと思います。本当の豊かさ、上質さとは何かを教えてくれたような気がします。暮らし方や生き方もそうありたいと思っています。（柏崎龍進）

円形の暖炉が動線を巧みに分離する……、こう書くと、「あ、あの住宅だな」と感づかれる人もいると思う。そう、フィリップ・ジョンソンの「ガラスの家」である。ここでは円形を楕円形に変えて、そのアイデアを踏襲している。床をフローリングにせずに全面モザイクタイル張りにしたのは、室内で飼っている犬が滑らないように、かつ、その鋭い爪で床面を傷つけないようにするため。
左頁／室内のどこにいても眼下に広がる雄大な太平洋が目に飛び込んでくる。勾配の緩い片流れの屋根は食堂部分で最も高く、寝室部分で最も低くなり、すべてはこの1枚の屋根の下に収められている。

寝室はひとつだけ。天井の一番低いところは手の届きそうな高さ。その寝室の床は栗材、壁は漆喰塗り、天井は桐材である。
左頁／南面と西面が大きくL字型に開く浴室。天気のよい日は西側に富士山が見える。特注品の浴槽は小判型で高野槇製。

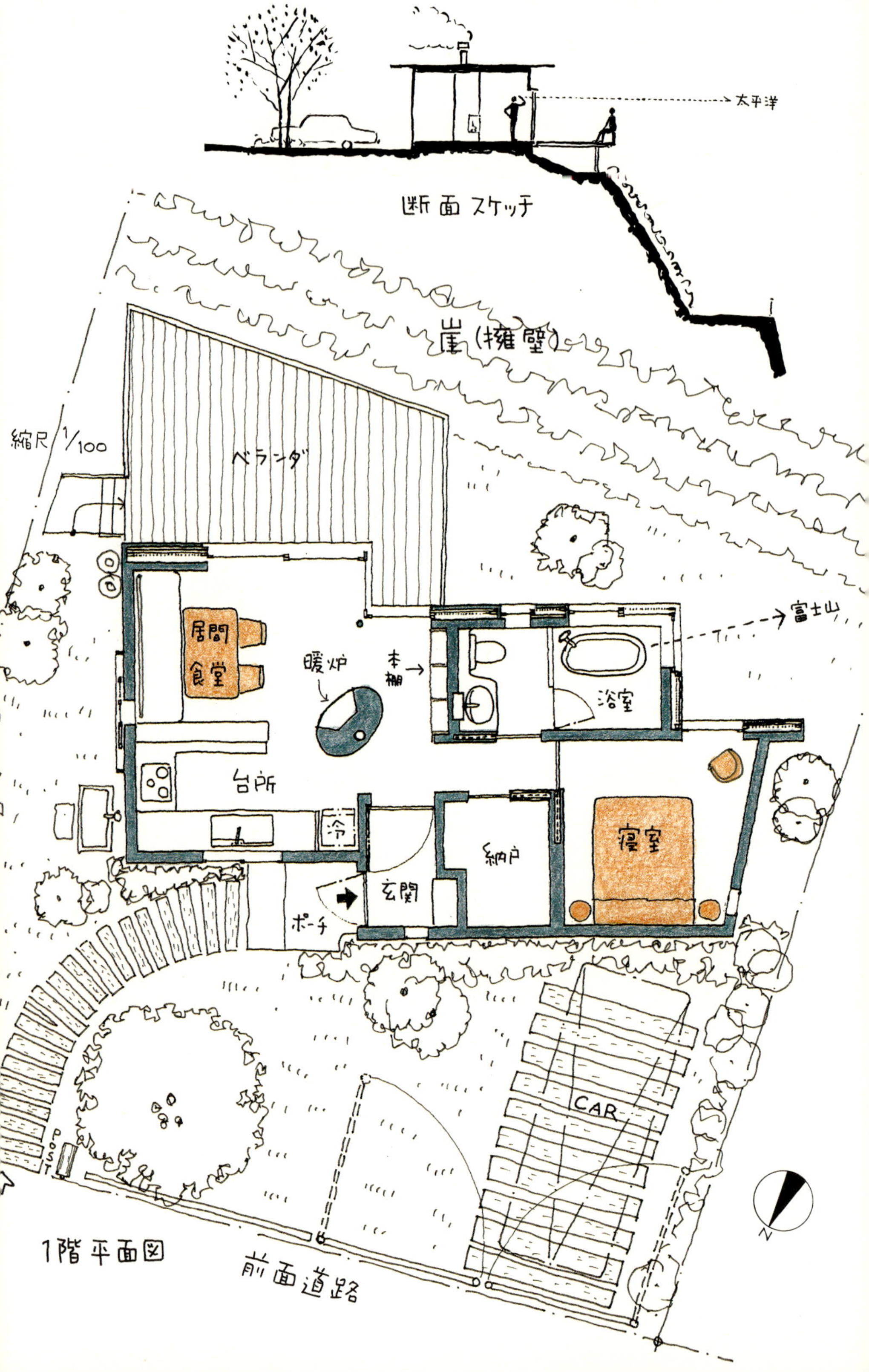
太平洋
断面スケッチ
崖(擁壁)
縮尺 1/100
ベランダ
富士山
居間
食堂
暖炉
本棚
浴室
台所
冷
納戸
寝室
玄関
ポーチ
CAR
POST
N
1階平面図
前面道路

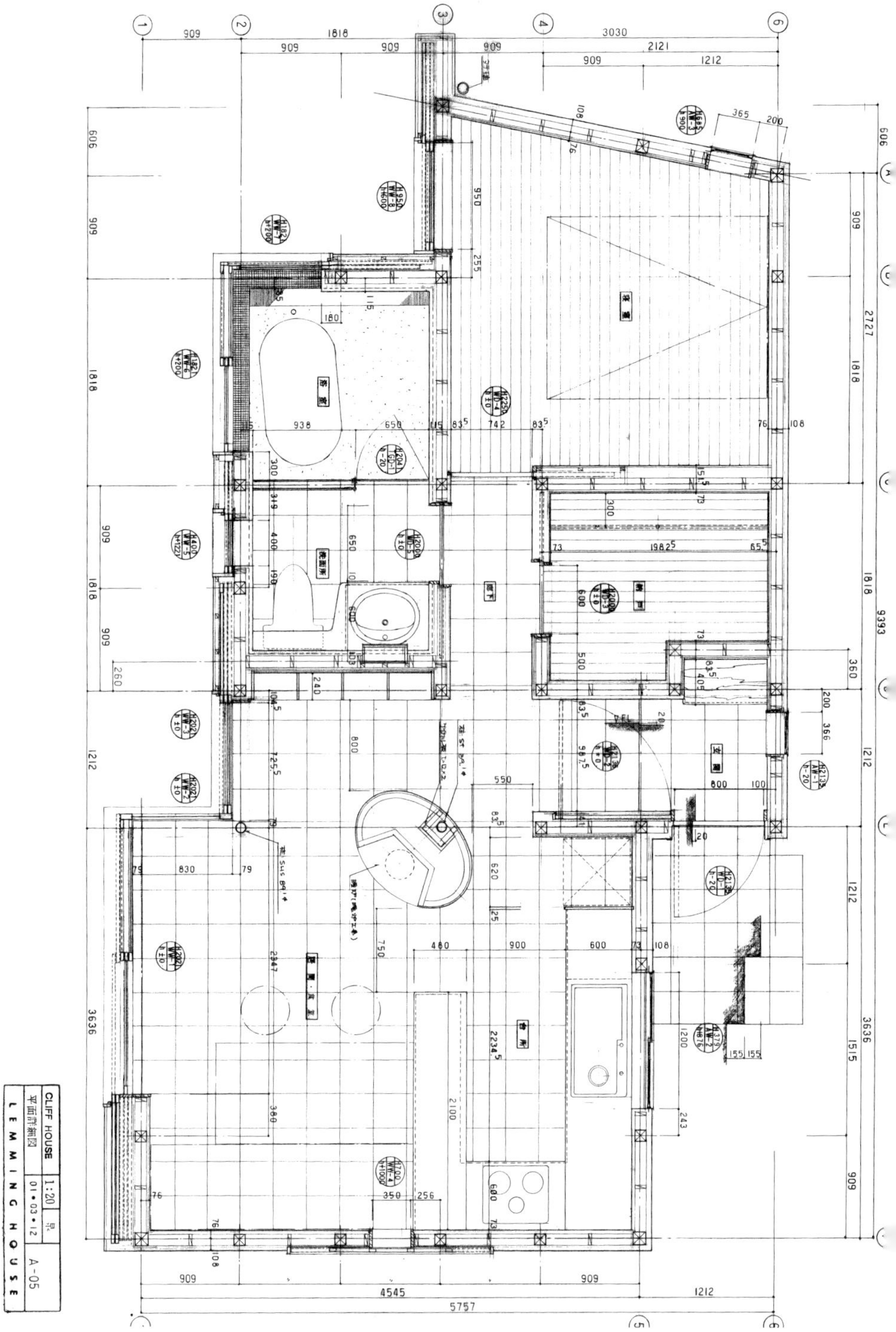
CLIFF HOUSE
平面詳細図
1:20
01・03・12
A-05
LEMMING HOUSE

クリフハウス（Cliff House）はその名の通り、崖の上からせり出すように建っている。下から見上げる外観と、背後のアプローチ側の地面にひれ伏すような低い外観のコントラストの妙は意図したものではなく、崖地という条件が生み出した偶然の産物である。

［クリフハウス］

　眼下に大磯ののどかな街並みと、雄大な太平洋を見おろす『クリフハウス』のクライアント・柏崎龍進さんは大学で建築を学んだ人です。しかも、偶然にも私の知り合いの建築家のゼミだったそうです。柏崎さんは建築の道には進まずに家業を継ぐことになりましたが、建築のことも、建築家のやりたいこともすべてお見通しなので、打合せはいつも前置きなしでいきなり本題からスタートすることができました。

「柏崎さんなら……」と、計画の初期段階で、私はかねてからあたためていたエネルギー自給自足住宅の計画について話しました。この別荘でソーラーパネルと風力で発電して電力を賄い、雨水を浄化して生活用水として使う実験をしてみませんか、ともちかけたのです。日照率が高く、常に海風のある高台の敷地はこうした実験には最適です。多少の不便は我慢してもらわなければなりませんが、週末住宅でもあり、建築的にも意義のあることなので、柏崎さんならきっと理解してもらえるだろうと睨んでの提案でした。すると、さすが建築学科出身です、「やりましょう！」と、ふたつ返事で快諾してくれました。

　文明の命綱である電線、電話線、上下の水道菅、ガス管などの線と管につながれていない住宅をつくることは私の長年の夢でした。その夢が実現できそうになったのですから、思わず顔がほころびました……と、ここまではよかったのですが、実際にシミレーションしてみると、この実験のために組んだ予算で取り付けられるソーラーパネルと風力発電で得られる電力では、冷蔵庫までは賄えそうにありませんでした。

　柏崎さんにこのことを伝えますと、柏崎さんは「ナカムラさん、冷蔵庫が使えないということは、太平洋を見晴らす大きなテラスがあって、夏には大磯港の花火が見えて、中秋の名月が海面に映る月見ができても、冷たいビールが飲めないわけですよねぇ？」と、悪戯っぽい表情で言われました。私としては「さあ、どうする、どうする」と決断を迫られる思いでした。建築家としての夢を取るか？　冷たいビールを取るか？　まさに究極の選択です。しばし煩悶《はんもん》したあげく、私は踏み絵を踏む思いで冷たいビールを取りました。そして、その瞬間にエネルギー自給自足住宅の夢はあえなく挫折したのです。

　夢のひとつは消え去りましたが、「平屋の小住宅」という、もうひとつの夢は実現しました。『クリフハウス』は私の中では、最小限住宅というテーマへの挑戦でした。大げさに言えば小住宅のプロトタイプをつくるつもりで、設計に取り組んだのです。ガルバリュウムの小波板で包んだ、小箱のような建物は周辺の二階建ての建物に挟まれてひときわ小さく見えます。

上総《かずさ》の家 II

深く沈んでいた身体記憶が埋め込まれている

中村さんは、高校生のとき棒高跳びの選手だったらしい。かなりの記録をもっていたらしく、体育大学から推薦入学の誘いがあったという。

その話を聞きながら、助走の距離を測る姿や大きくしなるグラスファイバーや水平のバーと空中を浮遊する身体、マットの上にスローモーションのように落下していく姿など、想像が次々と広がった。

鉄棒の逆上がりも満足にできない運動音痴の私は、マットの上に身をゆだねるときの快感はどんなものなのだろうかと空想するだけだった。その話を聞いたこともすっかり忘れてしまっていた。

竣工から十八年が経ち、ある事情からこの建物が義弟から中村さんと友人と私の妻の三人の共同所有となった。修繕とクリーニングを終えて十八年前の当時の姿となると、忘れていた記憶もよみがえってきたのである。

建物の中心に垂直に立つ白い細い大黒柱は、グラスファイバーのポールであり、一階と二階の吹抜けを仕切る手摺り

は、棒高跳びの水平のバーと思えてくる。そして軽やかな空間の二階に据えられたベッドは、砂場のマットのようだ。むき出しの階段を壁をめぐるようにして階段をかけ上がり、ベッドに身をあずけると、マットに落下していく棒高跳びの選手の快感がよみがえる。

中村さんの中に深く沈んでいた極めて個人的な身体記憶が、この住宅には埋め込まれていたのではないだろうかと思うようになった。それは中村さんにとっては、まったく無意識のことなのだろう。

深読みだといわれればそれまでだが、吹抜けのベッドに身を横たえたときの浮遊したような快感は、居心地のよさや快適というのとはどうも違っている。

個人的で無意識的だからこそ逆に普遍性をもっているという逆説が成り立っているのかもしれない。表現というものの不思議をあらためて考えさせられる。

週末になると、その快感を味わうように東京から出掛けベッドに身を横たえる生活を続けている。（山口信博）

室内は一種の風景だと思う。美しい風景のような室内が生まれるためには、建築が出しゃばりすぎてはいけない。簡素な素材、単純な空間構成、よく練られた控えめなディテール。これだけあればお膳立ては整う。あとは、なんとでも……。

右頁／開口部と壁のバランスについては、いつも頭を悩ます。もちろん開口部そのものの寸法についても同様である。室内に落ち着きをもたらすためには大きな壁面が欲しい。その一方で外部に向かって大きな開口部も欲しい。気持ちは外部に、そして空に向かって大きく広がっていきたいのである。大きな開放感と大きな密閉感、この相反するふたつを、ほどよく按配できればよいのだが。

18年前に建てられた小住宅は、疲れ果て、やつれて見えた。建物全体に覇気がなく「いつ壊されても仕方がありません」と力なくつぶやいているようだった。床も壁も天井も、染みを抜き、磨き込み、塗装した。建具を修繕し、ボイラーとエアコンと、ガスレンジのひとつずつを丁寧に掃除した上で業者に依頼して調整した。建物に惜しみなく愛情を注いだのである。そうこうするうちに室内は息を吹き返し、見違えるように輝き出した。家全体にうれしそうな笑顔が戻ってきたのだ。この住宅の修復工事は、建築家として得がたい経験となった。

この住宅は、正方形の建物に壁を1枚、斜めに挿入することでプランが成立している。壁に穿たれた穴（出入り口）を行ったり来たりすることで、部屋の用途と様相がクルリクルリと変化する。

目の前に青々とした田んぼの眺めが広がる書斎コーナー。傍らに必要最小限の本を収めた書棚。
右頁／壁に仕込まれた扉はすべて引き戸で壁の中に消える。引き戸を全開すれば額縁の中に次の部屋の「風景」が収まる。

この建物はもともとはイラストレーターのアトリエ兼住宅として建てられたものである。玄関を入るとギャラリースペースがある。

外壁の塗装は長い間、房総の強烈な紫外線にさらされて、色褪せ、剥げ落ちて惨憺たるありさまだった。再塗装すべきところを、ふと、思いついてワイヤブラシでこすり落としてみたら、なんともいえない魅力的な風合いが顔を覗かせた。様子を見ながら自分で畳1枚分ぐらいをこすり落として仕上り見本とし、あとは同様の仕上げになるよう職人に依頼した。竹簾のフェンスは今回新設したもの。竹簾はこの地方で千両を栽培するときに使う農業資材。

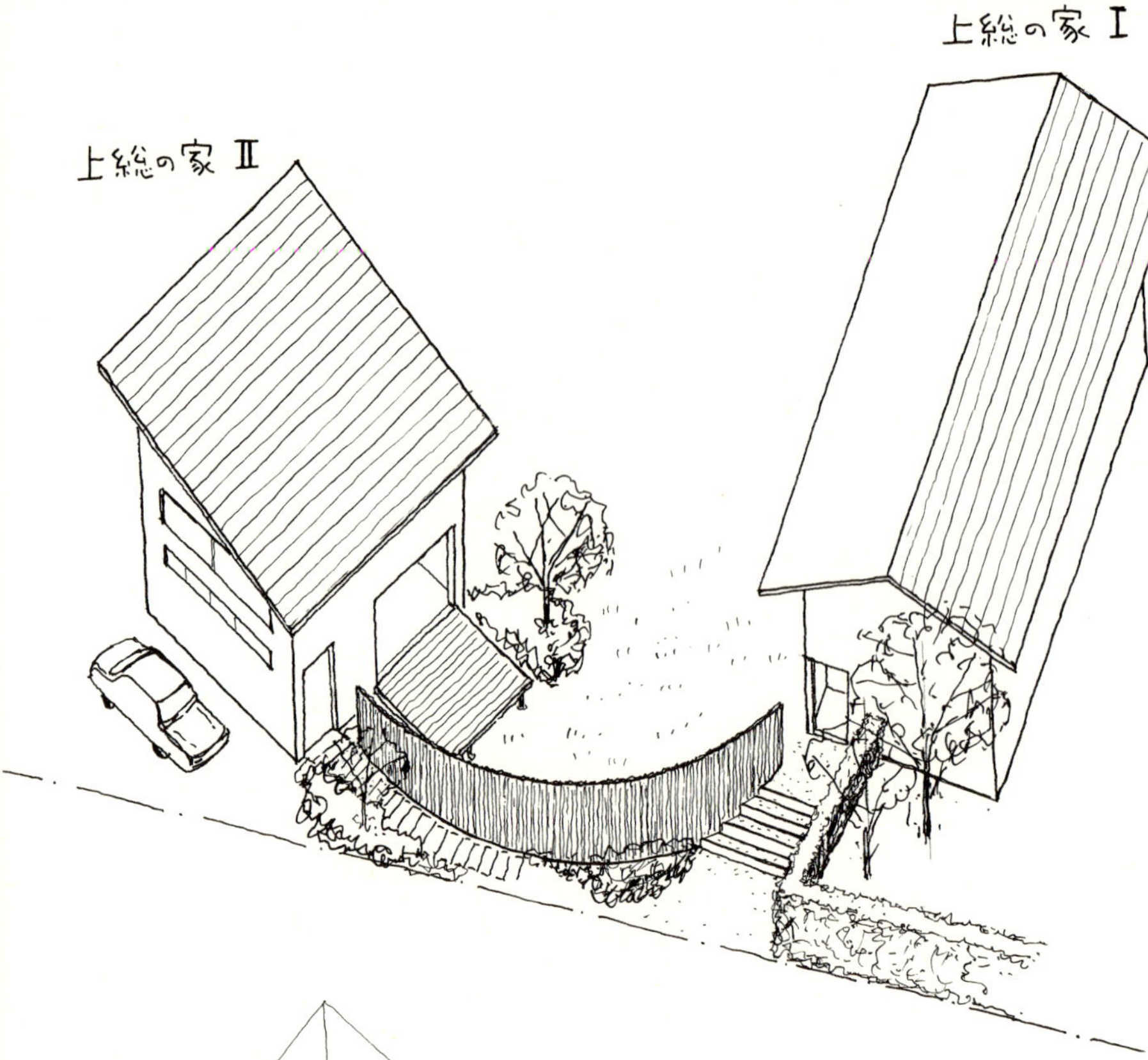

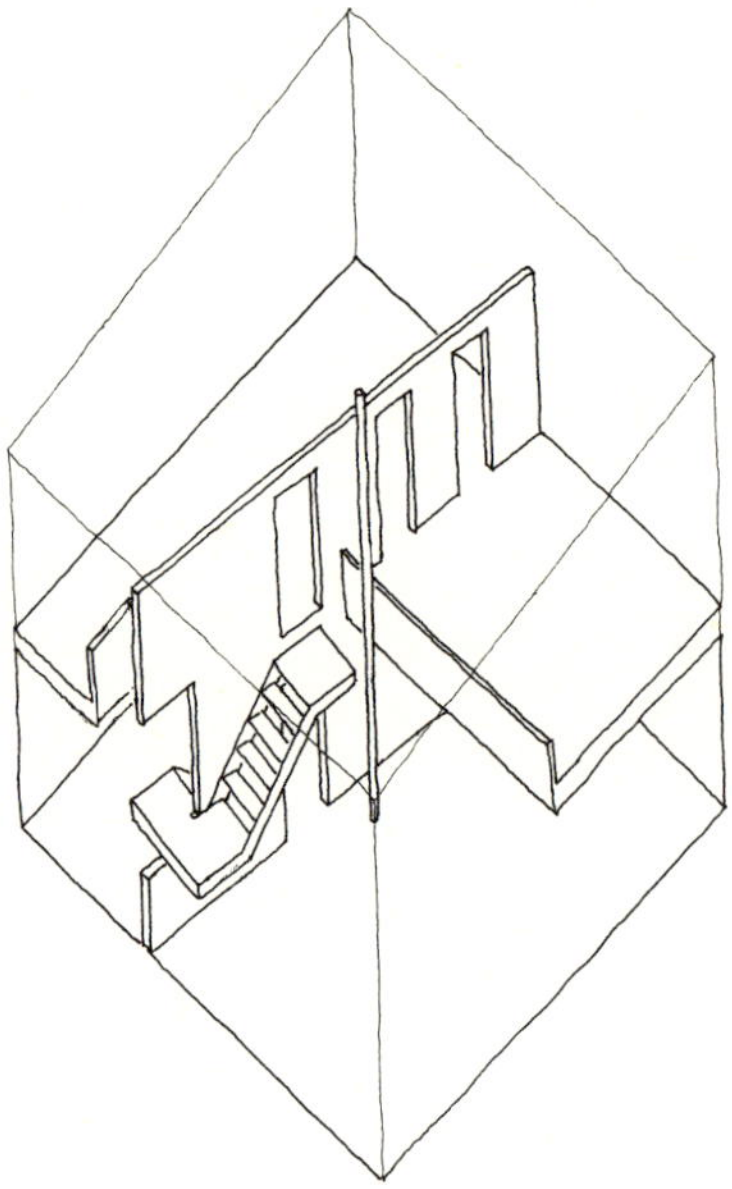

② つづいて、2階の床面を設け
鉄骨階段を架ける

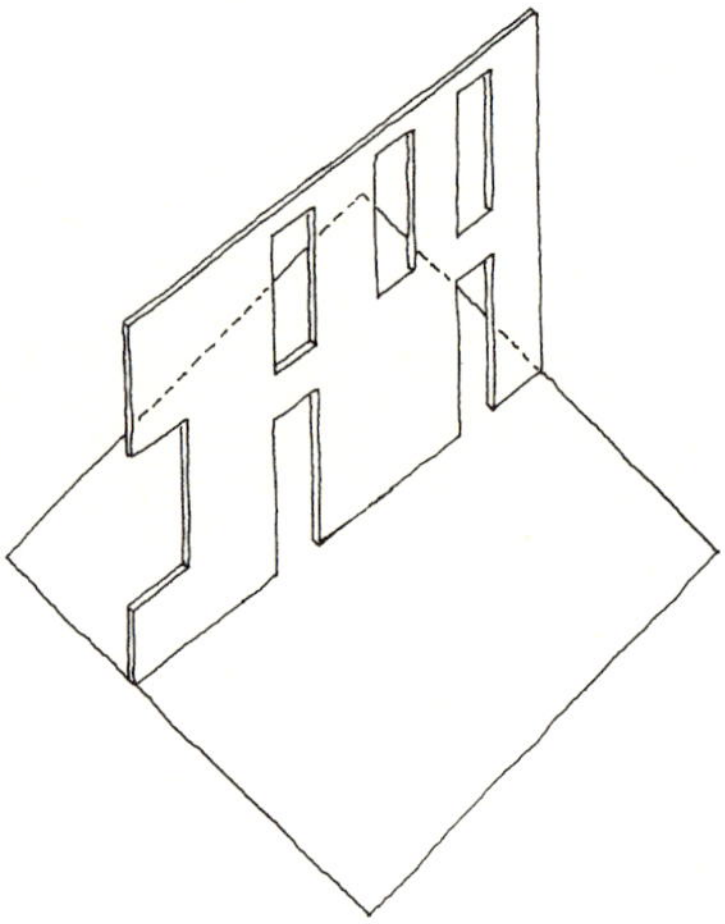

① まず、6つの穴を穿った壁を
正方形の平面に斜めに建てる

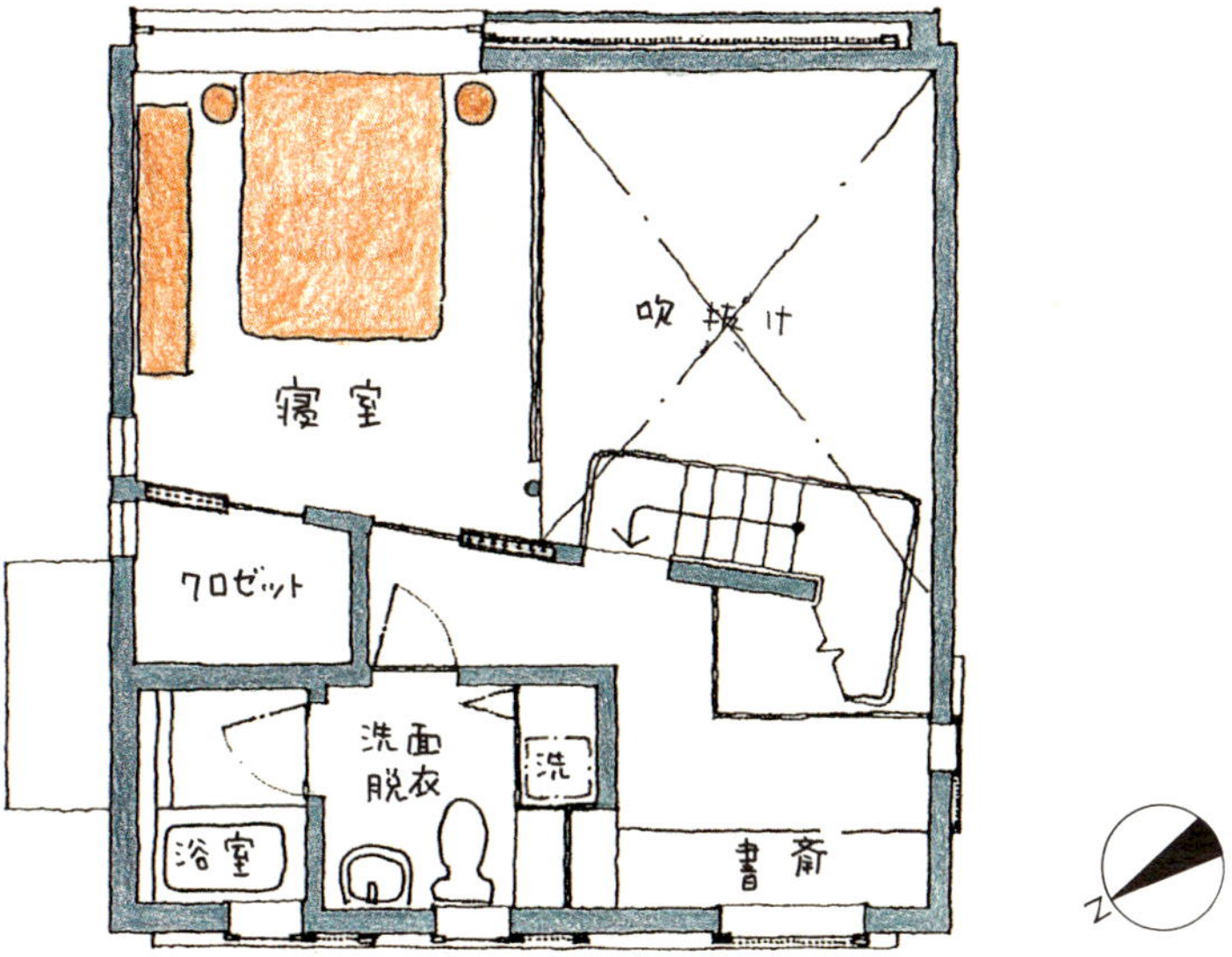

2階平面図

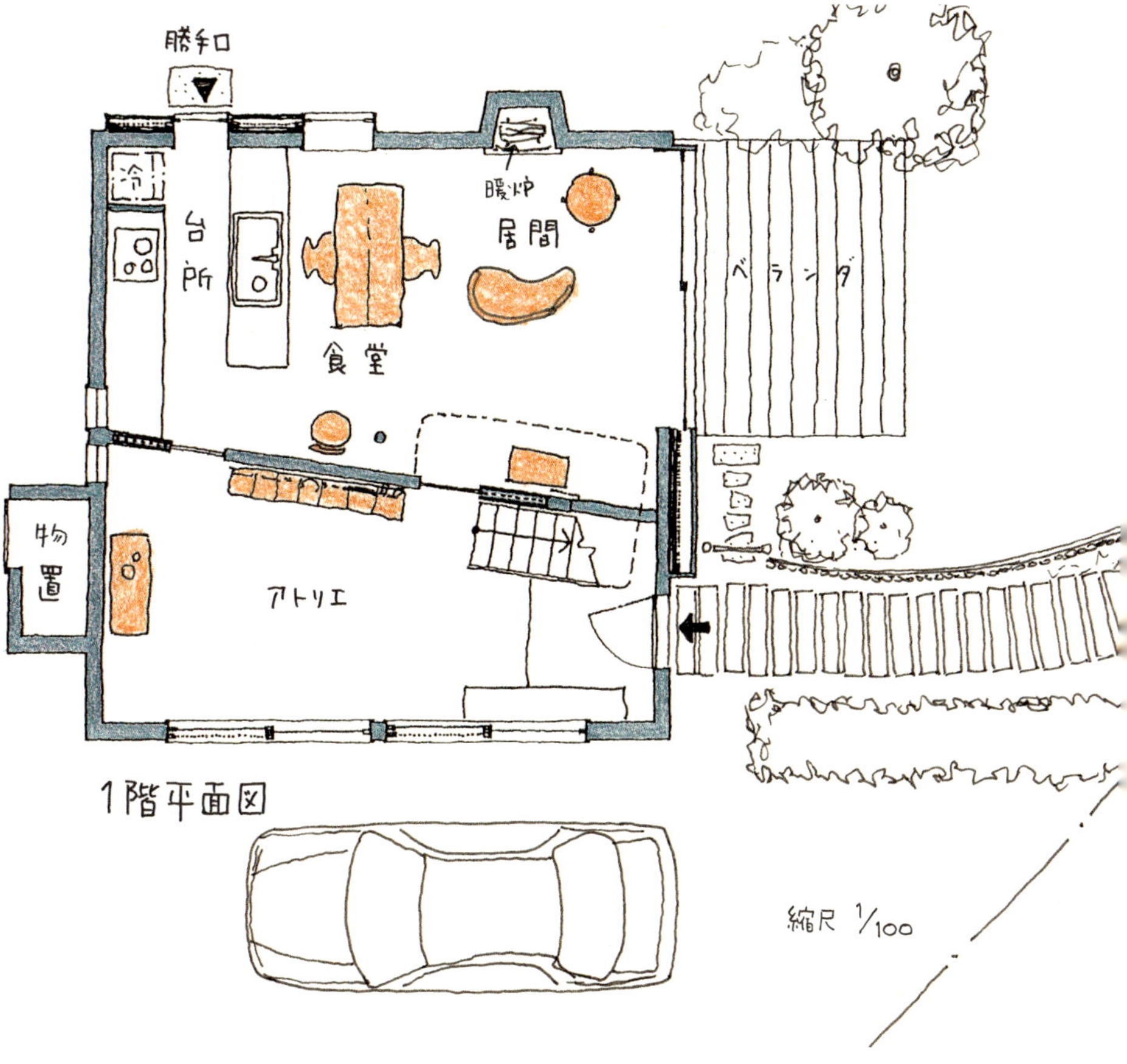

1階平面図

杉木立と竹藪を背にして並ぶ「上総の家 I」と『上総の家 II』。片流れ屋根と切妻屋根、正方形平面と長方形平面、ふたつの建物は対比的に設計されている。円弧状の竹簾のフェンスがふたつの建物の仲を取りもつ。

プロの料理人を招いて優雅に、そして賑やかにイタリア料理の食事会。人がいて、人の営みがあって、朗らかな笑い声が室内に響きわたって、初めて建物に温かな血が通うことをあらためて実感させられた。

[上総の家 II]

ひょんなことから、十八年前に設計したこの住宅をグラフィック・デザイナーの友人ふたりと共同で所有することになりました。

私は、自分で手掛けた住宅が完成したとき、その家をクライアントに引き渡すのが惜しくなって、そのまま自分自身が住みたいと思うことがあります。そうはいっても現実的にはそれぞれのクライアントの要望や、敷地条件や、予算に合わせて設計する家ですから、正直に言えば、本当に自分の生活スタイルをまったく変えずにそのまま住める家というのは、そうたくさんあるわけではありません。このあたりの感じは、建築家をテイラーにたとえると理解しやすいかもしれませんね。たとえば、私の仕立てた服が、仮に自分としては会心の出来映えだったとしても、体格や体型の違う私がその服を違和感なく着こなすことができないのと同じことなのです。

『上総の家 II』と名付けたこの住宅は、田園風景に溶け込んだ質素なたたずまいや、ほどよい大きさや、簡素で大らかな空間構成など、あらゆる意味で私の「身の丈に合った」家でした。つまり私にとっては、掛け値なしの「住みたい家」だったのです。余談になりますが、この本の中には私が自分の「身の丈に合っている」と思い、クライアントから買い戻してでも住んでみたい住宅がほかにも数軒入っています。私は自分にその住宅を買い戻す財力がないことを承知の上で、そのクライアントには「もしも家を手放すことになったときは、いの一番にぼくに声を掛けてくださいね」と本気で話しています。

閑話休題。残念なことに、この家は持ち主の転勤などである期間空き家になっていたことがあり、家の内部はもちろん、外まわりも予想以上に荒れ果て、傷んでいました。建物を手に入れたものの「さて、どこから手を付けたものか……」しばらくは、腕を組み溜め息をつくばかりでしたが、頭をひと振りし、気を取り直して作業に取り組んでみると、これがなかなかやり甲斐のある、実に愉しい仕事でした。だってそうでしょう？ 手を加えれば加えた分だけ、いや、それ以上に、それこそ見違えるようによくなっていくのですから、思わず心ウキウキ、胸はワクワク、顔はニコニコでした。

改修作業が終わり、この家で食事や寝泊まりしたりするようになってみると、この家が次第に自分の身体と気持ちにジーンズのように、スニーカーのように馴染んでくるのを感じます。『上総の家 II』の第二幕で、今後どんな暮らしのストーリーが展開していくのか、これからが大いに楽しみです。

Asama Hut

私は根が貧乏性なんだと思う。小さな建物、慎ましやかな建物に心惹かれる。特に別荘となるとその傾向が強い。別荘はすべからくひっそりとした風情の「大草原の小さな家」のようであって欲しいと願うのである。場違いな規模と場違いな仕上げの別荘、これみよがしのデザインの別荘の前はできれば避けて通りたい。私が「Hut=小屋」という言葉を多用するのはこうした私の好みによる。

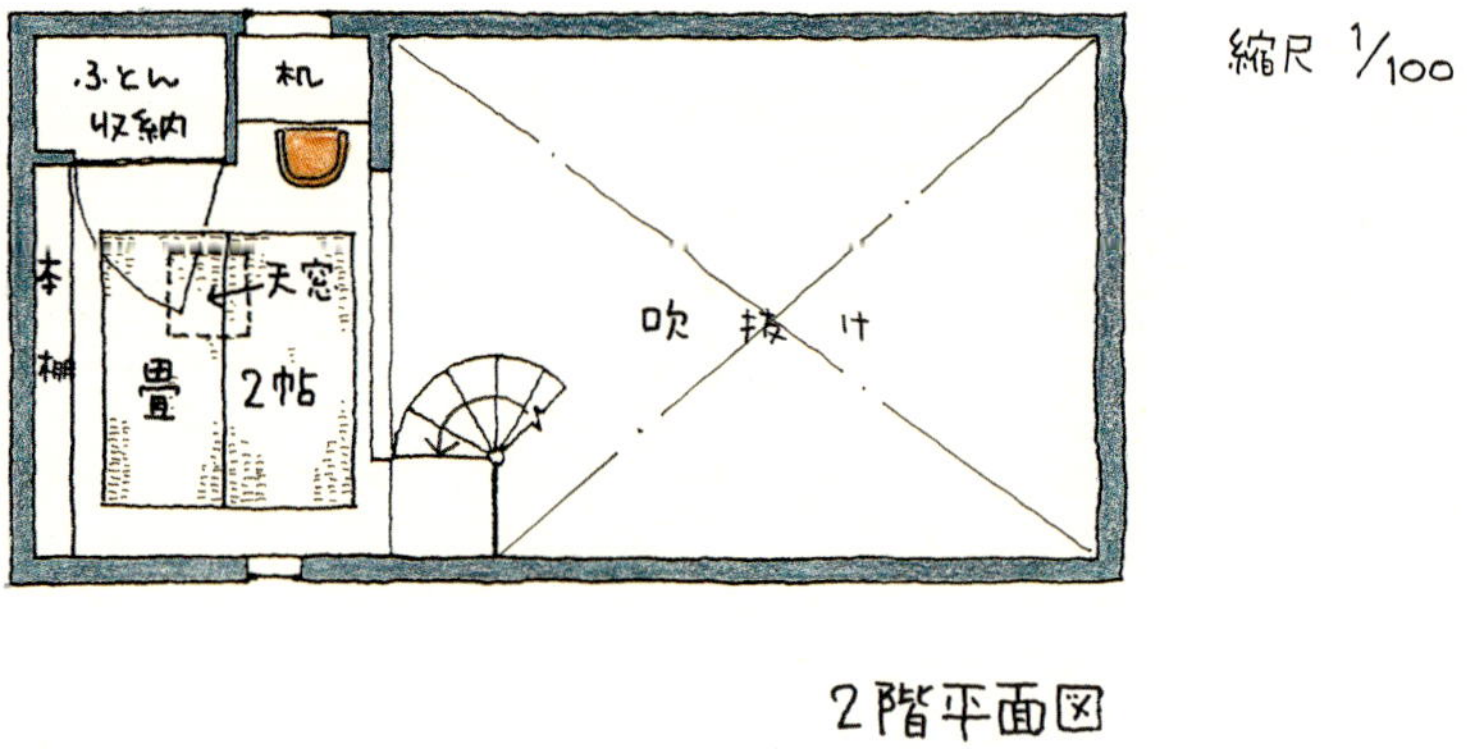
縮尺 1/100
ふとん
収納
机
本棚
天窓
畳 2帖
吹抜け
2階平面図

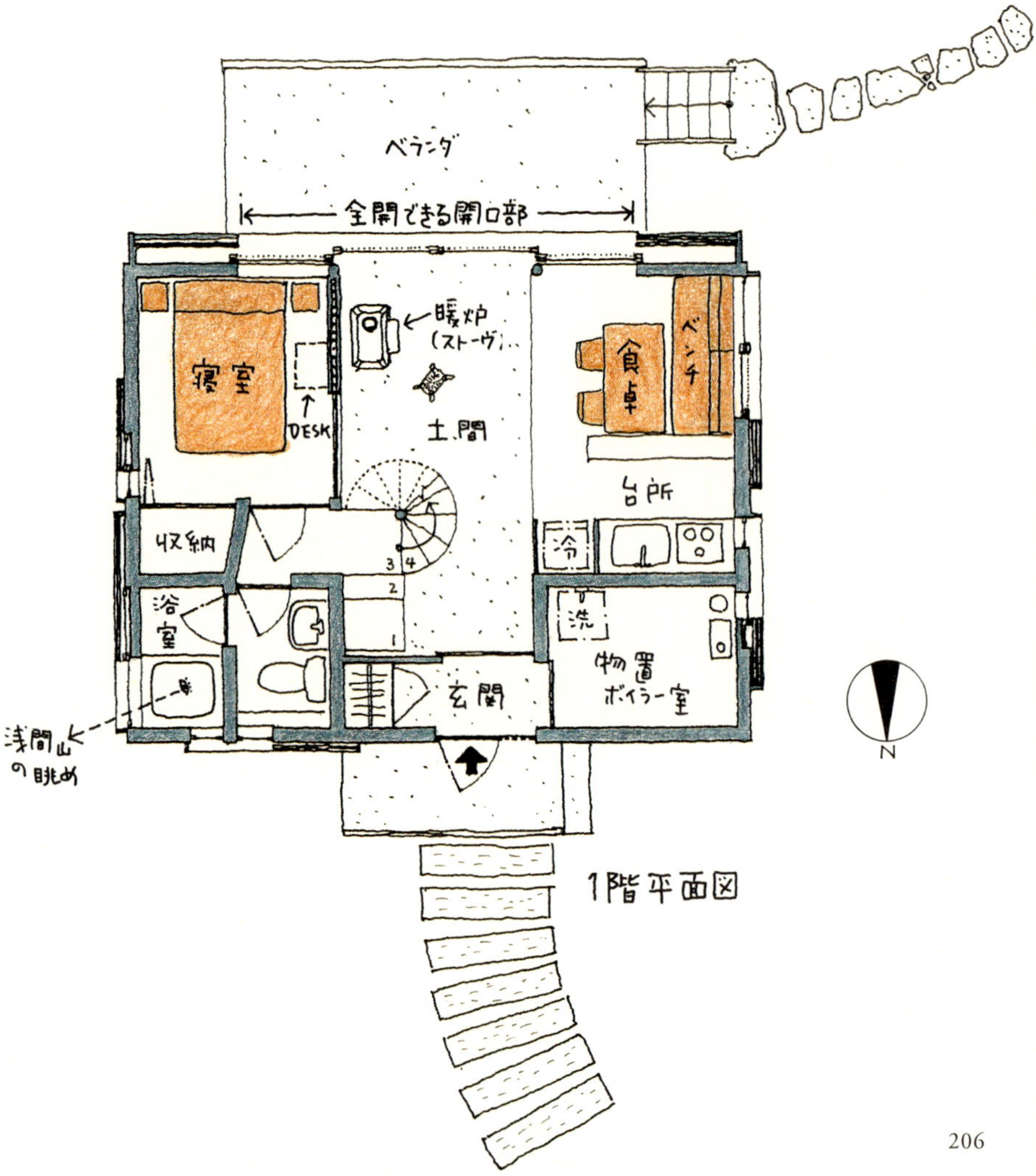
ベランダ
全開できる開口部
暖炉
(ストーヴ)
寝室
DESK
土間
食卓
ベンチ
台所
収納
冷
浴室
洗
物置
ボイラー室
玄関
浅間山の眺め
N
1階平面図

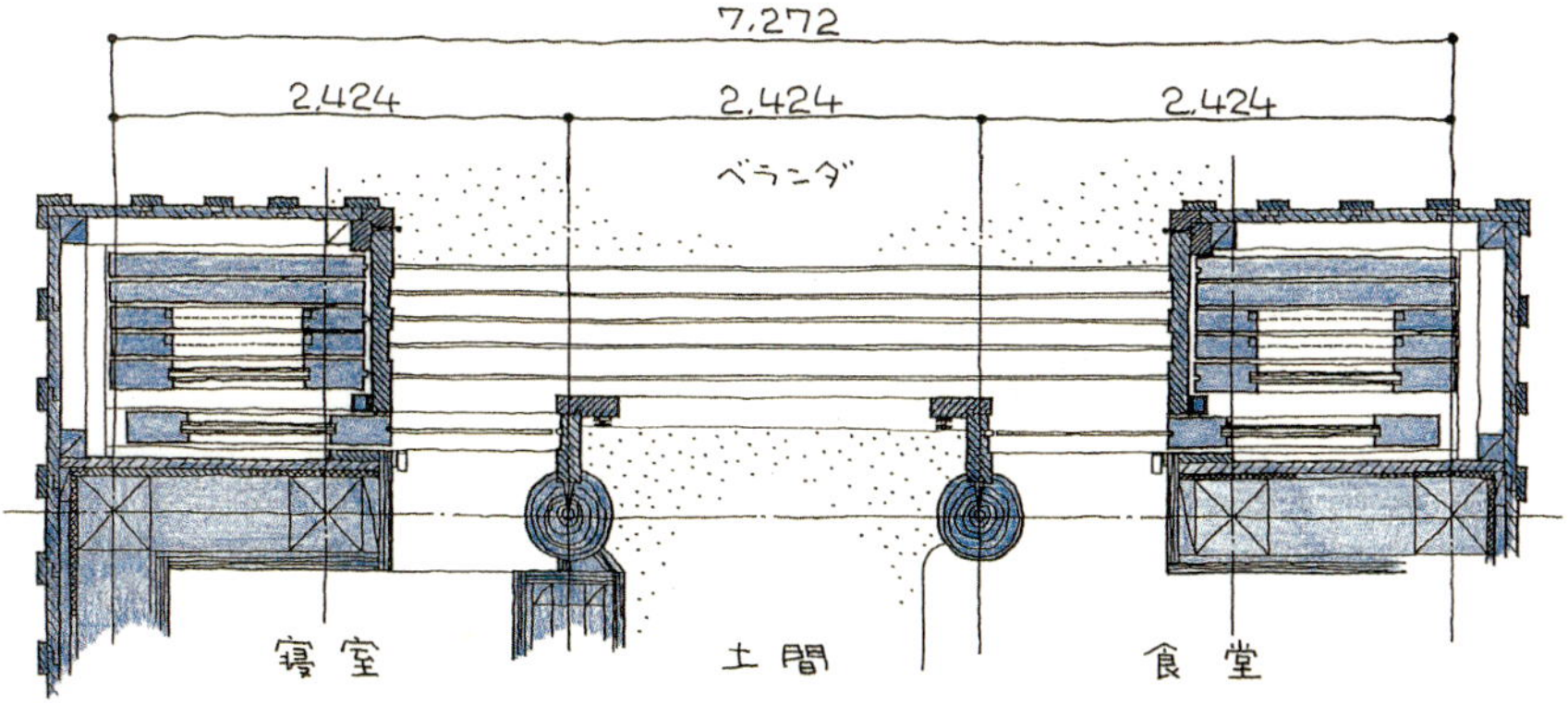

建具を開け放った状態

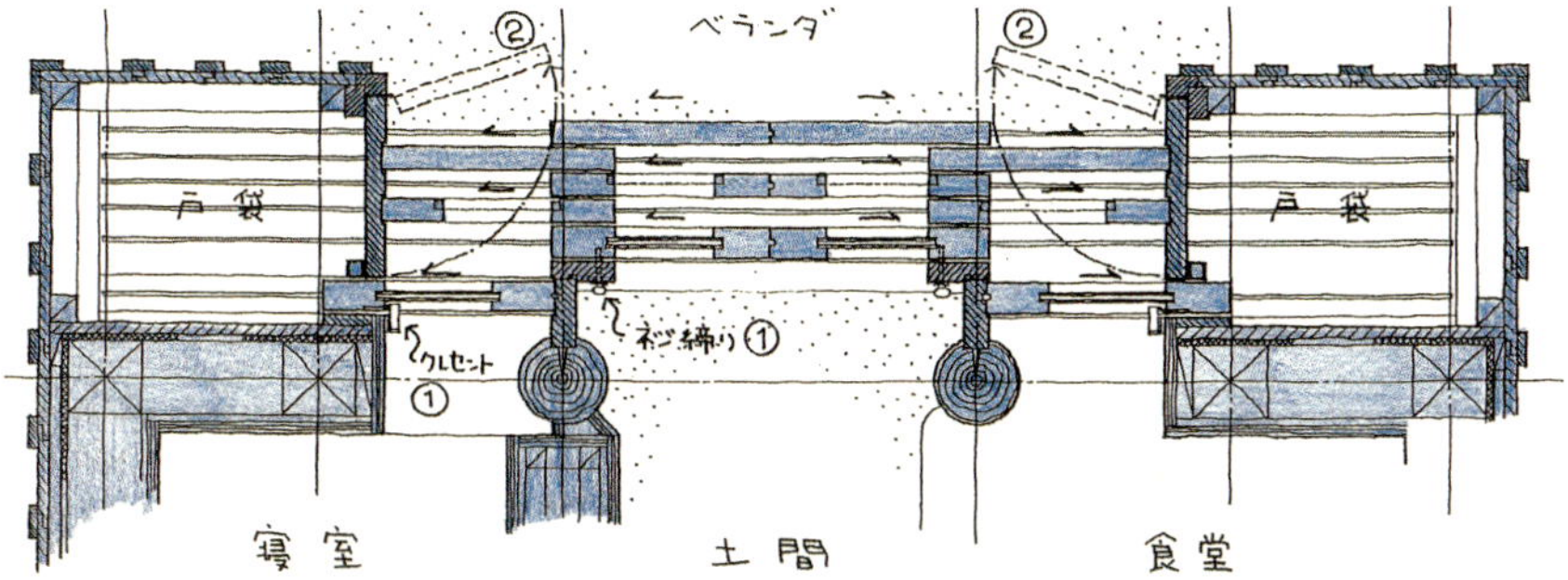

① クレセント・ネジ締りを解除する ➡ ② 戸ブタを開け建具を戸袋に入れる

戸締り状態

平面は縦割りに3分割され、その中央部分が土間である。この土間は1階の平面を貫いてベランダにつながる「通り土間」である。土間空間は平面的には広くはないが、空間は垂直に上に伸びていてスックと立ち上がった感じがある。その縦に伸びていく空間を螺旋階段を昇ることで追いかけることができる。

コンパクトサイズの台所とコンパクトサイズの食堂、小さな山荘なので仕上げ材をできるだけ単一にすることにし、床と壁はもちろん、開口部の枠も、流し台やカウンターなどのつくり付け家具も、テーブルなどの置き家具も、すべてフローリング用の欧州松で製作した。暖炉を囲んでいる藺草《いぐさ》編みの小さなストゥールはこの山荘のためにデザインしたもの。

1階の寝室、2階の寝室ともに最小限の寸法。
森の中にヨットの船室《キャビン》が浮かんでいるよう。
文芸評論家の山荘らしくどちらも原稿を書く
ための書斎付きである。

小屋も呼吸している

この仕事小屋をつくろうと思ったとき、気になったのは、知り合いの藤森照信さんが何かの折りにもらした、「五〇を過ぎたら自宅を考えたほうがよい」という言葉でした。別宅は行き来に時間がかかる、圧倒的に住む時間は自宅が多い。でもぶっちゃけた話、自宅となると、話は遠くなる。で、目先の欲望に目をくらませることに決めました。家族とたまにどこかに行きたい、気分を変えたい、ひとり用の仕事小屋が欲しい、地面に近く存在したい、何せ目先の欲望、盤根錯節《ばんこんさくせつ》しています。

中村好文さんに建ててもらった建物には満足しています。建築家にお願いするという選択は「正しかった」。住んでいると、やはり「作品」の中にいる感じがします。「親しき仲にも礼儀あり」ではないけれど、何年経っても作品とある種の対話があり、緊張があります。中村さん、ありがとう！

今は月に二度くらい、行っては仕事に忙殺されたり、ほどよい距離の追分の行

きつけの喫茶店で好ましい友人たちと会ったり、草ぼうぼうの庭をどうにかしたり、猫を探したり、まあ、小人閑居しての「不善」をなしています。

小屋には土間的空間があります。狭い小屋がさらに狭く二分されていますが、勢い外が中心になり、また、空間の狭さがアクセントになるということもあり、今は勝手に「住みほぐして」いる状況。中村さん、怒るかな、くらいに「住みほぐす」。建築家に対する感謝の念とともに、(ルソーの『エミール』ではないが)すまいも「二度生まれる」。その思いを新たにしています。

土間にでかい椅子を置き、あるときはキリムを、あるときはむしろを敷いて寝そべる。最高の瞬間は五月、林の鳥の巣に四十雀が出入りするのを見るとき。七月の昼下がり、庭のハンモックにくるまるとき。十一月、寂しさに胸がしめつけられるとき。そこまでがこの仕事小屋の生活で、「住むこと」をはじめると小屋も呼吸していることがわかります。(加藤典洋)

[Asama Hut]

別荘地を散策していると、突然、あたりを睥睨《へいげい》するような大きな別荘に出くわして目を丸くすることがあります。別荘地に来てまで自らの地位や財力を誇示しようというこの気持ち（料簡？）が、私にはまったく理解できません。「別荘が豪邸」というのは「野暮」とは言わないまでも、すくなくとも「粋」じゃありませんよね。

日ごろからそんなことを考えているせいでしょうか、私には別荘に限らず豪邸の設計依頼はありません。そのかわり……といってはなんですが、要望のメモに、いかにも別荘風というのが気恥ずかしいので「みすぼらしい家」にして欲しい、とはっきり書いてきたクライアントがいます。『Asama Hut』のクライアント、文藝評論家の加藤典洋さんです。

加藤さんの「家のこと」という要望メモは、なかなか読ませる内容でした。言葉によって自分の思っていること、考えていることを正確に伝えるのは仕事がらお手のものだとは思いますが、その中に自分自身の生い立ちや性格についても触れて「自分はこういう人間だから、そこのところ、よろしく」とサラリとこちらにバトンを手渡すところなど、見事というしかありませんでした。

さて、いざ仕事に取り掛かり、何度かお目に掛かって打合せしてみると、加藤さんご夫妻が「絶妙なコンビ」であることがわかりました。もじゃもじゃ頭で、いくらか東北訛りのある、やんちゃ坊主がそのまま大人になったような加藤さんと（加藤さん、ゴメンナサイ！）、いつも口元に静かな微笑みを浮かべ、ゆったりと落ち着いた空気をまとった典雅な加藤夫人とは見かけも雰囲気も対照的。加藤さんが性急な口調で喋ると、それは、こうこう、こういうことで、こういうことなのよね、と夫人がわかりやすく噛み砕いて解説してくれて、私にも加藤さんの真意が理解できるといった按配でした。設計はおおむねスムーズに進みましたが、この山荘のテーマである土間の扱いについては、ひとしきり論議がありました。自然は大好きだけれど、家の中に砂埃をもち込まれるのは困るという綺麗好きで都会的な夫人と、どこか縄文人の面影のある野性的な加藤さんとの意見調整に少々手間取ったのです。結果はご覧の通り、居間食堂全面を一段下がった土間にし、そこに暖炉兼用のストーヴを置くことで落着しました。

ところで、加藤夫人からはエリック・ロメールの映画に出てきたという「ふたつの家をもつ者は理性を失う」という諺を教わりました。夫人は山荘をもつことで「物持ち的な不自由感」を味わいたくないといい、理想は「雨風寒さがしのげることが身近に感じられる家」というものでした。

BOSCO

『Lemm Hut』は私たち夫婦と事務所のスタッフが休暇を過ごすための小屋。Lemmは言うまでもなく私の事務所の名前「レミングハウス」の略である。小屋は浅間山の麓の標高約千メートルの位置にある。

この小屋ではエネルギー自給自足の実験（あるいはその真似ごと）をしている。屋根で集めた水を生活用水に使い、ソーラーパネルと風力によって発電して必要なすべての電力を賄う。働きものの建物とそこでどのような暮らしができるか？　身をもって実験することがこの小屋のテーマである。

断面図

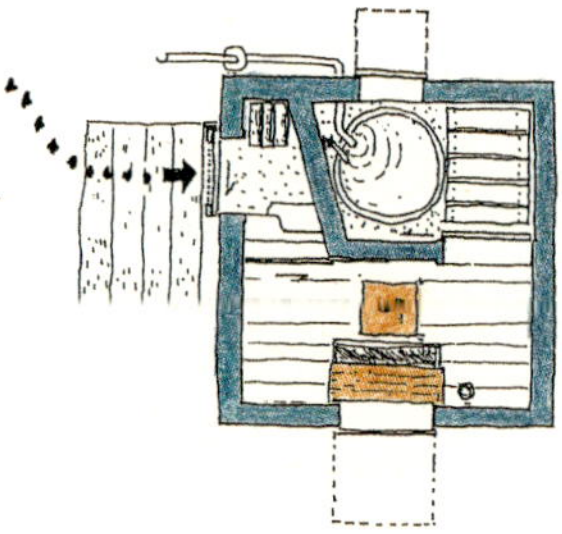

風呂小屋 平面図

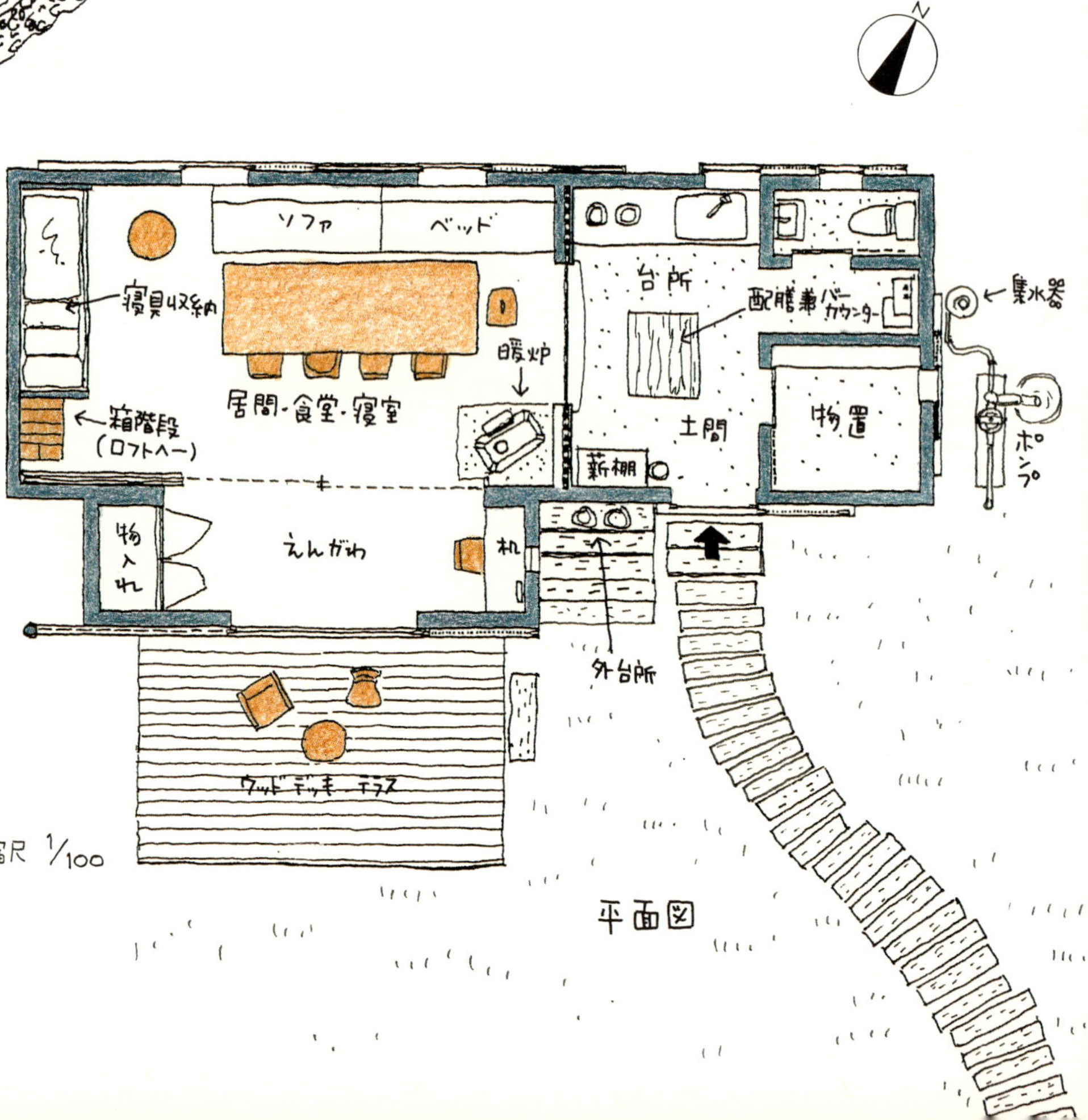

平面図

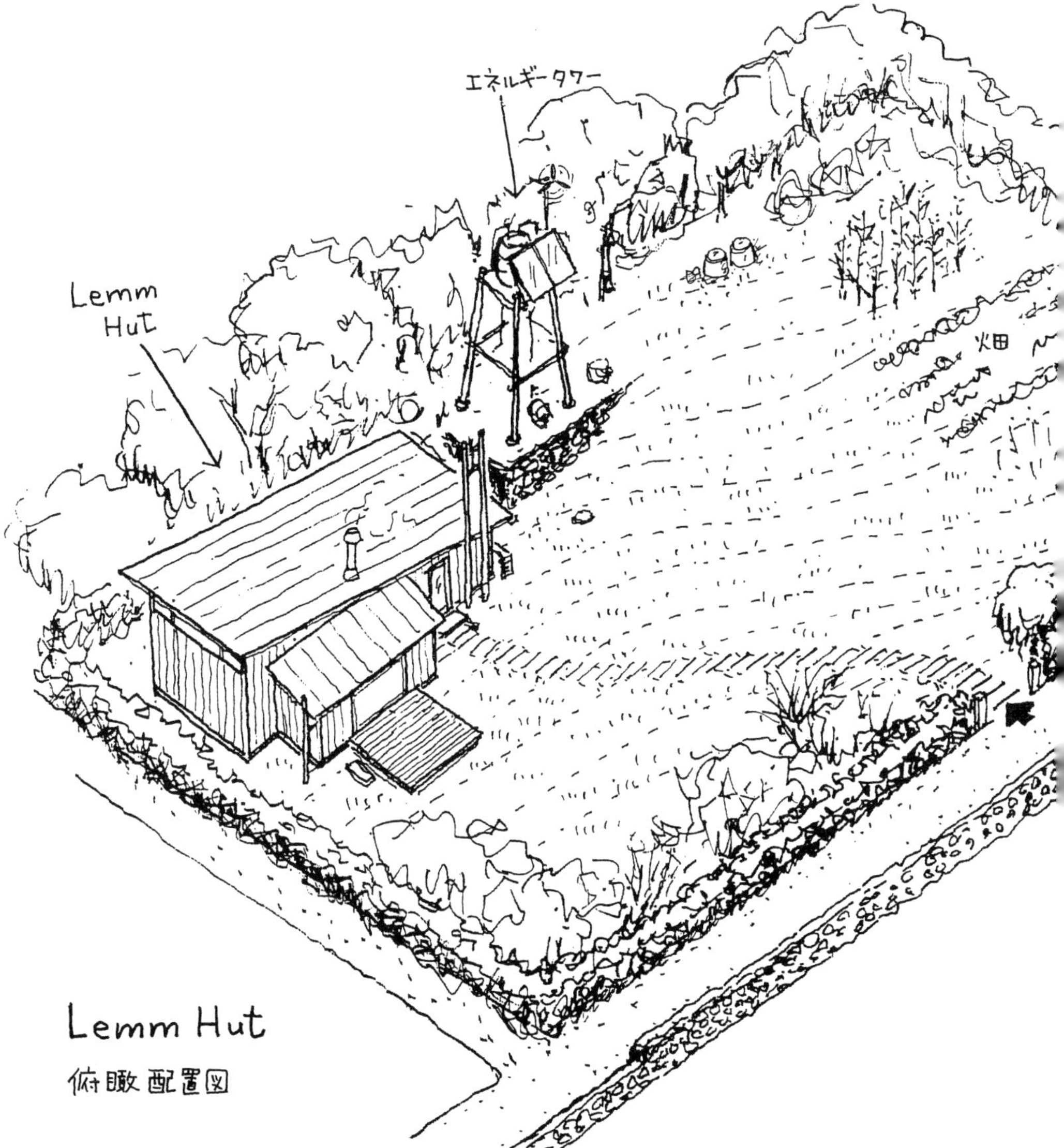

Lemm Hut

俯瞰配置図

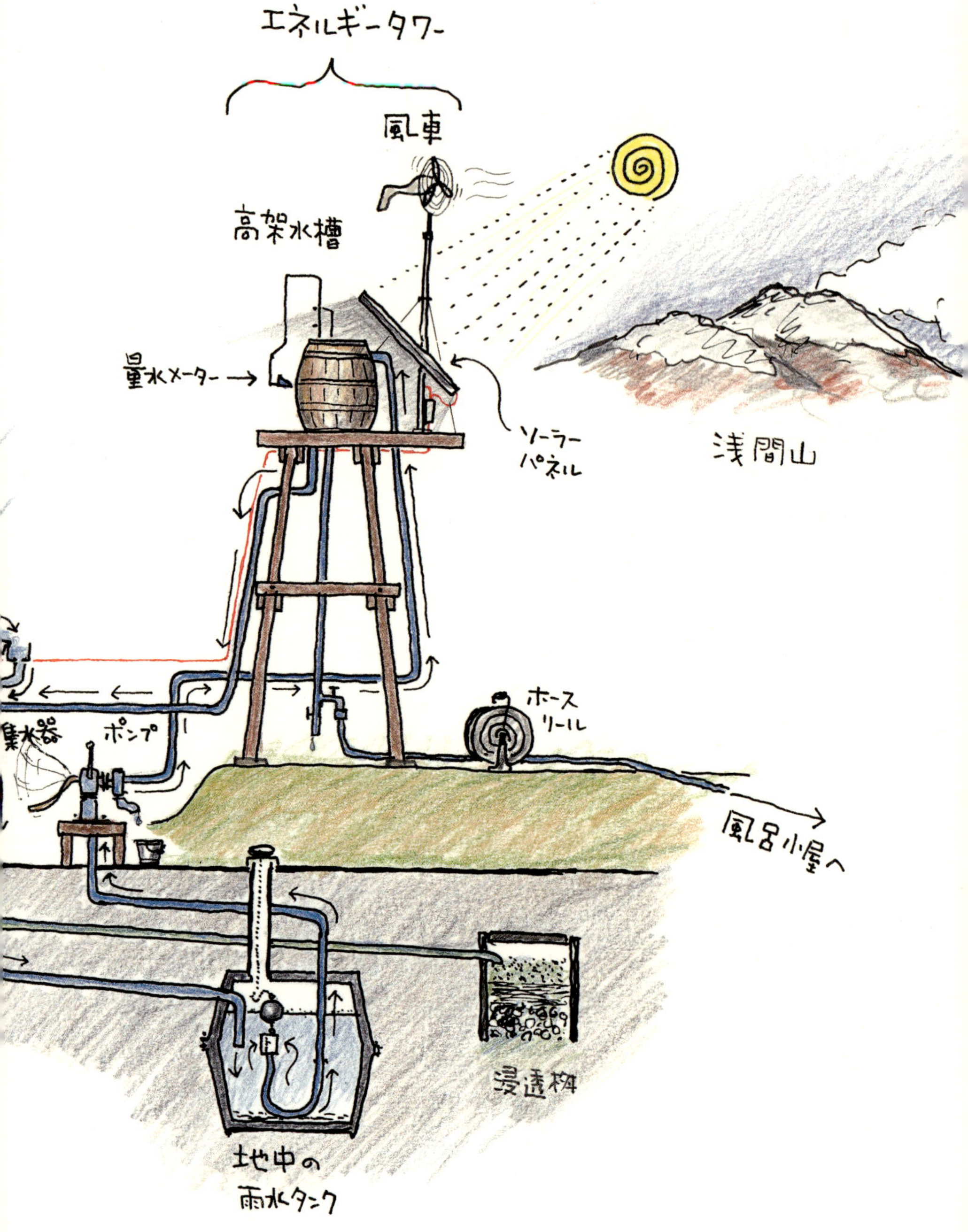

エネルギータワー
風車
高架水槽
量水メーター
ソーラーパネル
浅間山
ホースリール
集水器
ポンプ
風呂小屋へ
浸透桝
地中の雨水タンク

水・電気 自給自足 システム図

片流れの大屋根は雨水を効率よく集めるためのかたち。外壁の板を張ったり、ペンキを塗ったりしたのはレミングハウスの新旧スタッフと友人知人たち。エネルギー自給自足だけではなく「可能な限り手づくりする」というのが、この小屋のもうひとつのテーマだった。写真は完成直後の写真で、この時点からも小屋は絶え間なく進化し続けている。

小屋に行けば、掃き掃除をする、拭き掃除をする、ポンプで水を汲み上げる、畑仕事をする、大工仕事をする、五右衛門風呂を焚く、料理をする、賑やかに食事をする……で、とにかく忙しく、ちっとも休んでいる時間がない。休暇小屋という言葉はまったくあてはまらない。「働く小屋」に付き合わされ、ついつい働かされてしまうのである。

小屋には気持ちのいい場所がたくさんある。

縁側に続く広々としたベランダはそのひとつ。

最初、枕木でつくったベランダ（226-227頁参照）は、防腐剤の臭いがきつくて使いものにならず、すぐに職人仲間を動員してイペ材でつくり直した。

ワンルームの室内にはふたり用のベッドになる長いベンチがつくり付けてある。暖房はストーブひとつ。土間との間は引き分けの框戸《かまちど》で仕切ることができる。
左頁上／ロフトは畳が一帖敷き込んであってここにもひとり寝られる。窓から噴煙を上げる浅間山を眺めることができる。

小屋にいると「食う寝るところ」という言葉が否応なしに思い出される。本当に、食う、寝る、が生活の主要な行為になるからである。そうなる原因のひとつは調理のすべてを炭火に頼るせいかもしれない。炭火を熾《おこ》し、七厘に移す作業だけでも手間ひまがかかるのである。その不便さと手間ひまが、小屋暮らしにはなくてはならない愉しみでもある。

敷地の片隅に建てた五右衛門風呂の小屋。風呂小屋であるだけでなく、ここは私の書斎であり、寝室でもある。向上心というのは上を目指す言葉だが、どうやら私には、より小さい建物、より貧しい建物を目指す「向小心」が備わっているらしい。

小屋暮らしをはじめてから「お天気」という言葉が晴天だけを指すわけではない、ということに気付いた。考えてみればあたり前のことなのだが、本来は曇天も雨天も「お天気」なのである。というわけで、東京にいるときも小屋のある御代田《みよた》の天気が気になってしかたがない。晴天ならば、ああソーラーで電気が溜まっているなあと思い、風が強いと聞けば、これまた電気が溜まっていると思って顔がほころぶ。雨が続けば畑のことを思い、雨水がタンクをヒタヒタと満たしていく様子を想像する。粗末な小屋が、太陽や雨や風が自然の大きな恵みであるというあたり前のことを気付かせてくれたのである。

[Lemm Hut]

『クリフハウス』の頁（178頁参照）で、私は「エネルギー自給自足住宅の夢はあえなく挫折した」と書きました。たしかに挫折はしましたが、夢がすっかり消えたわけではなく、私の胸の奥深く、埋《うず》み火のようにくすぶり続けていました。そして嬉しいことにその夢を実現する機会が意外に早くやってきたのです。

私が二〇代の後半から足繁く遊びに行っていた長野の友人の家の近くに、開拓者として入植したご夫婦の質素なたたずまいの家がありました。家を取り巻くのどかな風景もなかなかいい風情で、友人と傍らを通りかかるたびに「大草原の小さな家の日本版みたいな家だねぇ」と言い言いしていました。そして数年前から空き家になっていたその家を、友人の世話で敷地ごとそっくり借り受けることができたのです。こうして大磯で涙をのんだ夢が、浅間山の麓で実現することになりました。

ところで……、「エネルギー自給自足」という言葉を聞くと、驚いたり感心したりする人がいますが、実際はそれほど大そうなことではありません。具体的には、電気はソーラーパネルと風車で発電した電力で賄うこと。片流れの大屋根で集めた雨水を地下の受水層に溜め、手こぎのポンプでリサイクル品のウィスキー樽に揚げ水圧を利用して台所とトイレと洗面と浴室に給水すること。調理はすべて炭火を入れた七厘で行うこと。あっさり言えばこれだけのことです。これだけで「文明の命綱」ともいうべき電線、水道管、ガス管などの「線」と「管」を断ち切った住宅ができあがります。それこそ、地球環境に与える負荷を最小限に抑えたエコロジー住宅の誕生です。

「エネルギー自給自足住宅」と書きましたが、私の小屋は、その初歩的な実験に過ぎませんから、現実的にはこれほど不自由で、不便で、手間のかかる住宅はありません。自家発電で得られる電力はわずかですし、雨水はそのままでは飲料水にはなりません。炭火の調理ではちょっとお湯を沸かすのさえひと仕事。五右衛門風呂の風呂焚きは、つきっきりで四〇～五〇分もかかるのです。でも、その不便で不自由な生活というものが、それはそれは愉しいのです。何が愉しいって、暮らしにかかわるすべての作業を自分の手と体を使ってすることが愉しい。そしてそこに自分なりの智恵が働き、創意工夫が生まれてくることが愉しい。ローテクを駆使して生活を豊かにする道具を考えたり、つくったりすることが愉しい。しかもそれを義務感や使命感からではなく、遊びながらできるのが愉しい……のです。

もしかしたら私の夢は「エネルギー自給自足住宅」をつくることではなく、自分自身に備わっている生活者の潜在能力を素手で発掘することだったのかもしれません。

葉山の家

自然を身近に感じながら、
親密で静かな暮らしを

もともと葉山という町がすごく好きで、いつかここに住みたいなあと思ったのがスタートだったので、最初は家に対する具体的なイメージはありませんでした。初めてこの土地に立ったとき、海と富士山がとっても美しく見えて、ああ素晴らしいなと感動しました。前方には保護林、裏手に竹林があって風がとっても気持ちよかったので、外の景色がそのまま家につながっていくようなオープンで人も集まりやすく、人がいることでいろんな角度に広がっていく家がいいなあと思っていました。ここは北も南も開放することができるので、家の中にいても山や海からの風が感じられる気持ちよさがあります。障子や全開できる建具も、やわらかく包んでくれる繭のような感じです。

　ここに来るときは多くの人とわいわいやっているか、あるいは父とふたりきりのときが多いです。この家を建てる以前は父の具合があまりよくなくて。だからこの家も早くつくらなくっちゃと思っていました。でも家ができて、ここに頻繁に来るようになったら、父がとっても元気になっちゃったんです。ダイニングのテーブルで向かい合ってご飯を食べていると、父がいろんな話をしてくれて。ここはすごく元気になる家のようです。ただ犬の散歩をしたり、海まで歩いていったり、ドライブしたり、暖炉をつけたりしているだけなんですが。

　年中太陽がさんさんと降り注ぐので、電気はソーラー・システムを入れています。東京の家にいても、ああ、いまごろお日様が照って電気が溜まっているだろうなと思うとうれしいし、雨の日も雨が溜まっているだろうなと思うと楽しくて。留守中もせっせと働いてくれているんです。でもがんばってやっているわけでなくてとても緩やか。人が来てもいいし、来なくてもいい。雨が降っても、日が照ってもいい。冬の朝はとくに富士山がきれいに見えて、本当にうれしい。東京とこんなに近い距離で日常の延長なのに、まったく違う時間が過ごせるんです。

（江波戸玲子）

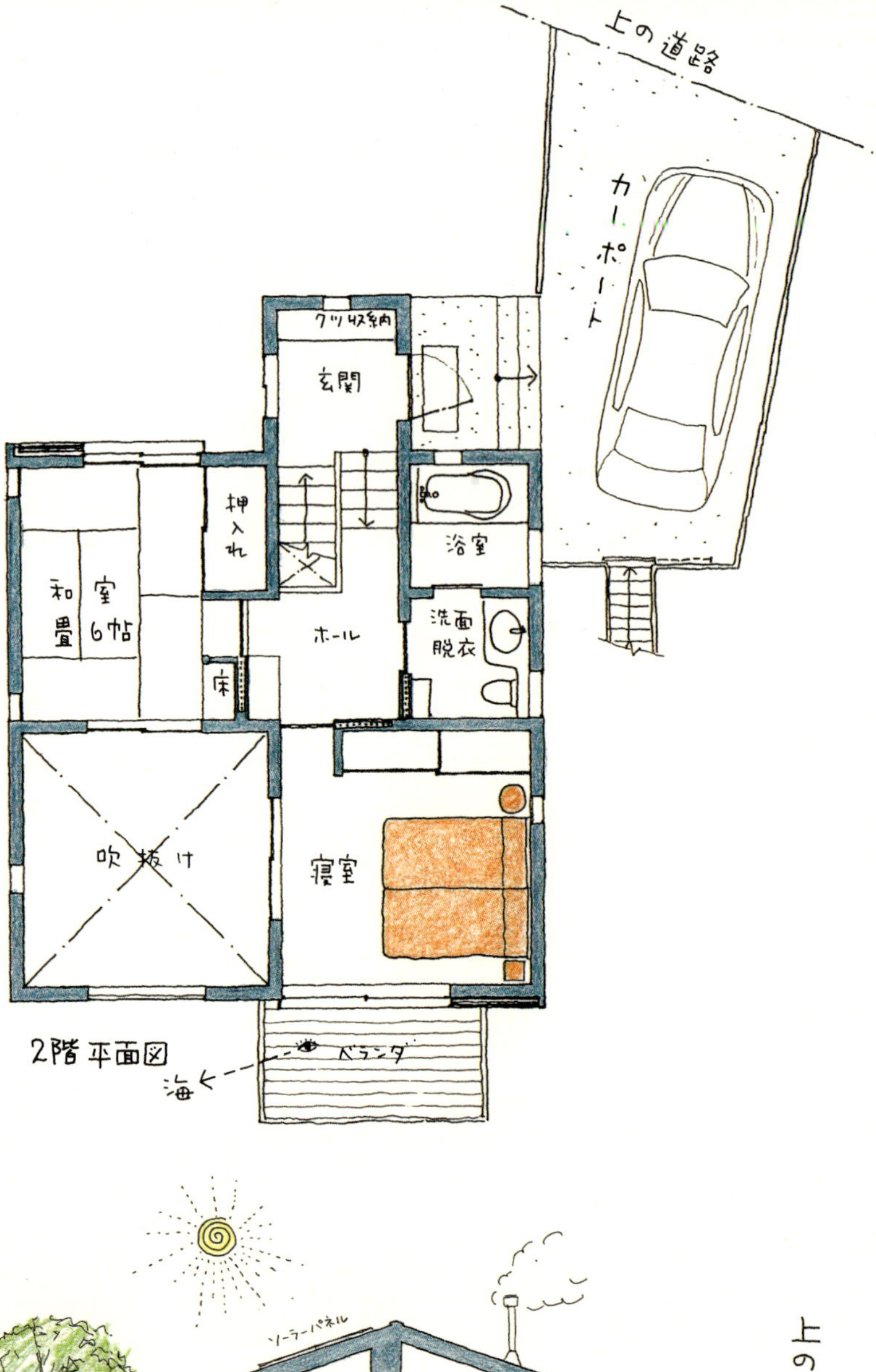
上の道路
カーポート
クツ収納
玄関
押入れ
浴室
和室
畳6帖
ホール
洗面
脱衣
床
吹抜け
寝室
ベランダ
海
2階平面図

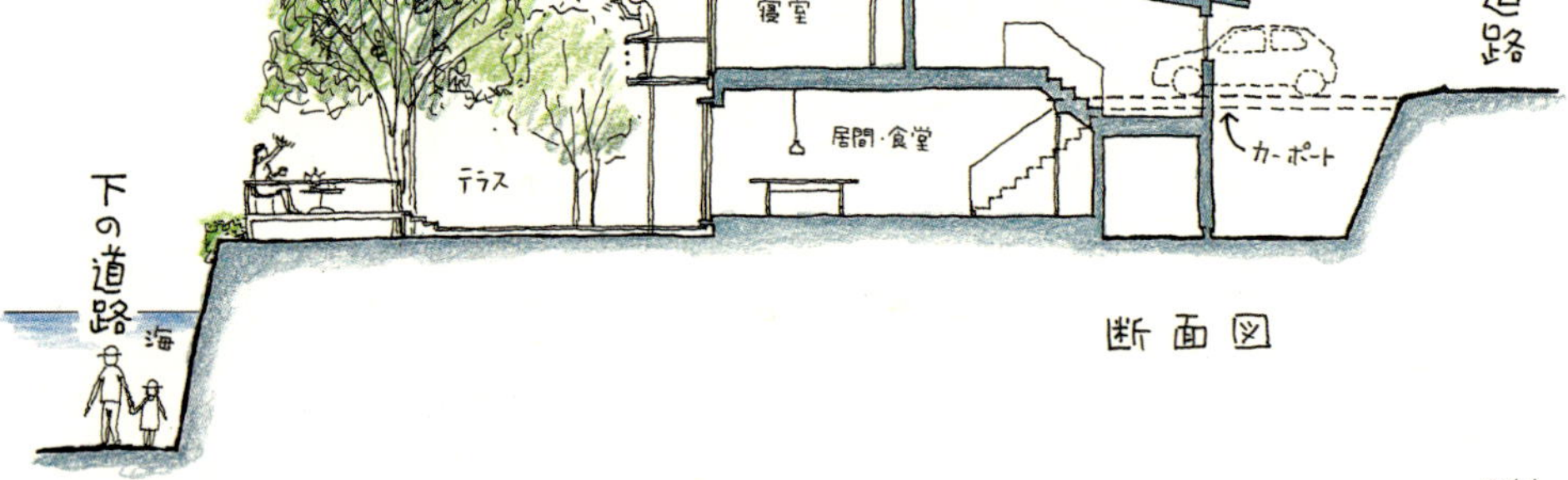
ソーラーパネル
寝室
居間・食堂
テラス
カーポート
上の道路
下の道路
海
断面図

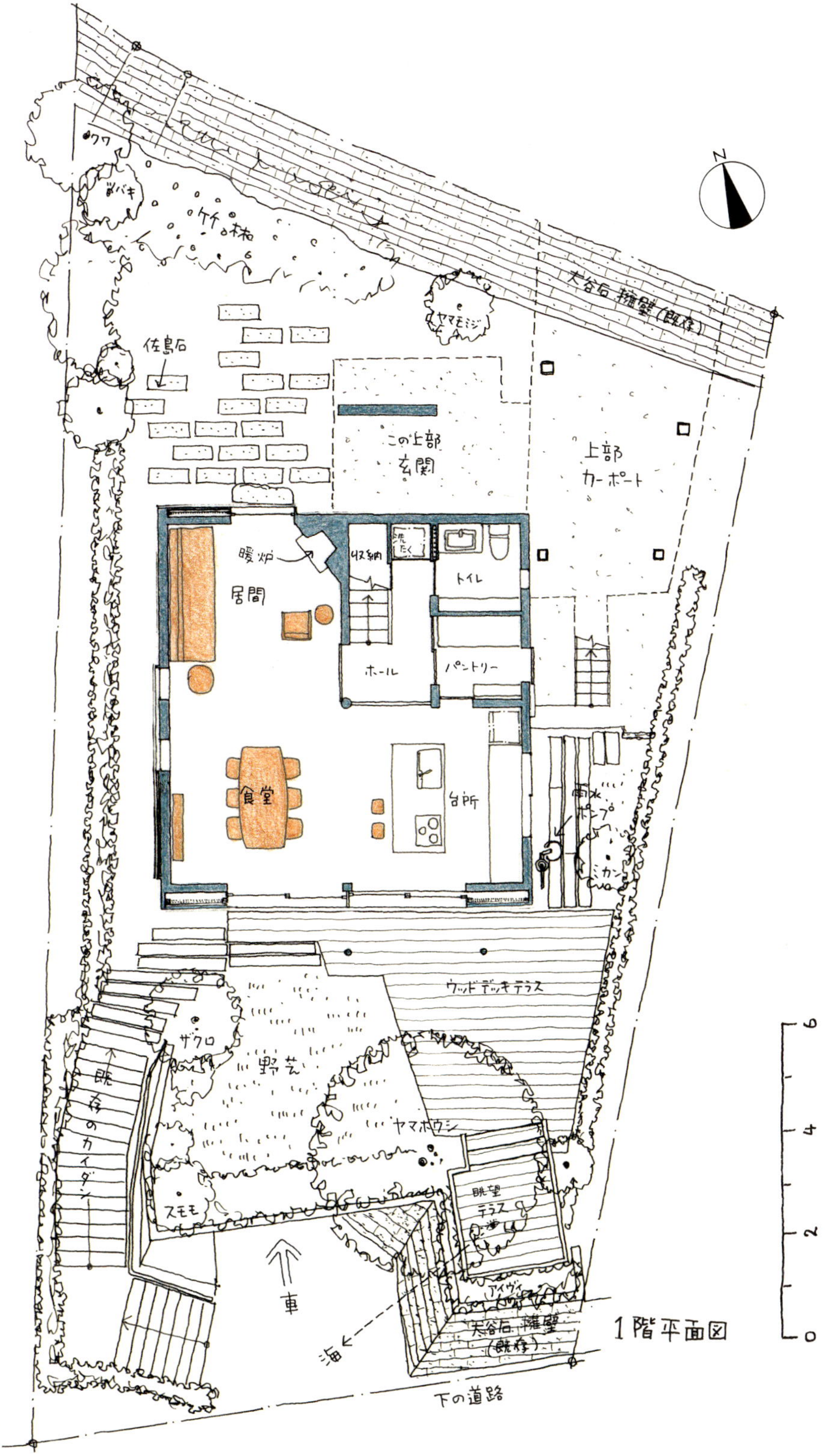

N
クワ
ツバキ
佐島石
ヤマモミジ
大谷石 擁壁(既存)
この上部
玄関
上部
カーポート
暖炉
居間
収納
洗たく
トイレ
ホール
パントリー
食堂
台所
雨水ポンプ
ウッドデッキテラス
ザクロ
野菜
既存のカイダン
ヤマボウシ
スモモ
眺望テラス
車
海
大谷石 擁壁(既存)
下の道路
0
2
4
6

1階平面図

敷地はもともと宅地として造成されたところで、そこに建っていた家屋を取り壊して新築した。風化した大谷石の表のアプローチ階段をそのまま残して利用している。背後には鉄骨造で道路から直接入れるカーポートを新設し、カーポート側に玄関を設けた。

1階南側の開口部は木製の引き込み戸で、庭に向かって大きく開け放つことができる。愛犬が気がねなく庭と家を出入りできるようにと、家の中まで靴のままで入る土足方式にしてある。2階のベランダから直接庭に降りられる螺旋階段を取り付ける計画がある。

引き込み戸を全開すると正面には山の景色が広がり、右手には陽光にきらめく湘南の海が望める。ベランダ伝いに海と山のふたつの眺めが楽しめる眺望デッキに行くことができる。

左頁／食堂の上部は大きく吹抜け、暖炉のある居間の天井は逆に低くして、静かな落ち着きのある空間にしつらえてある。掃き出しの開口部から外部には青々と生い茂る竹林が見える。

建築は、床、壁、天井、そして開口部、どれひとつ取ってもないがしろにできる部分はない。プロポーションしかり、素材しかり、仕上げしかり、ディテールしかり……、すべてが響き合うようにつつがなく収まって、初めてあたり前に、そして何ごともなかったように普通に見えるのである。どれかひとつでも変だと、たちまち空間全体が不協和音を奏ではじめて、始末におえなくなる。

［葉山の家］

「目力《めぢから》」という言葉がありますが、江波戸玲子さんがフラリと事務所に訪ねて来られたとき、私は初対面の江波戸さんの目力に圧倒されました。私の眼を見据えたまま決してそらすことのないキラキラした眼、私の心の奥底まで見透すような澄んだ眼。その眼には人の心を自分の側に吸引する一種の魔力も備わっているらしく、一年後には、私は彼女の掌の上で、粉骨砕身、設計に打ち込んでいたのでした。

その「目力」は工事現場の職人たちに向かっても万遍なく、遺憾なく発揮されました。好奇心旺盛な彼女は工事中の現場に足繁く通い、着々と進んでいく普請の様子を熱心に見守っていましたが、現場監督も職人たちも眼から吸い込み、たちまち自分の信奉者に加えていました。

「私にも何か仕事を手伝わせてもらえないかしら？」江波戸さんがそう言い出したのは、大工仕事がいよいよ佳境に差し掛かり、外壁の杉板を張りはじめたころでした。

「ああ、いいよ。でも、江波戸さんにできるかい？」ふたりの大工さんはとっくに江波戸さんの掌の上にいますから、こんな申し出も笑顔で快く受け入れてくれるのです。

「玄翁《げんのう》はここをこう持って、最初は平らな面のこちら側で、トン、トン、トン、トン、トンと、こう叩いて、最後はこっちの、ホラ、ふっくら丸くなった方で、トン、トンッ、と締めるように叩く。いいね？」

「ハイ、わかりました！　親方」といった調子。しばらくは、「あ、曲がっちゃた」とか「しまった」とか「痛！」とか、呟きや、悲鳴が聞こえ、そのうち「おおー、いいぞ、いいぞ」「私、大工になればよかったかもー」という自画自賛のひとり言が現場に響きわたりました。

大工仕事に味を占めた江波戸さんは、左官の壁塗りもしてみたいと言い出して、これも左官屋さんの指導を受けて実現させました。失敗しても目立たないところを塗るからと、一応、遠慮してご自分の寝室の壁の一面を見事に塗り上げたのです。

家を建てるのは、人生においては一大イヴェントだと思います。それをクライアントが存分に愉しむ。クライアントが心から愉しんでいることが現場の職人たちにも伝わって、彼らも仕事が愉しくなる、愉しくなるから仕上がりもよくなる、これほど素晴らしい連鎖反応があるでしょうか？『葉山の家』はこうしてつつがなく完成しました。

ところで。私は、『葉山の家』の担当者に、スタッフの中でも「目力ナンバーワン」の大橋園子を抜擢しました。私としては、目力をもって目力を制す……つもりの人選でした。しかしながら、江波戸さんとの目力の差は歴然、ふと気がつくと彼女も江波戸さんの掌の上にちょこんと乗り、滅私奉公の女中となって汗水を垂らして働いていました。

Mitani Hut

人がひとりで住むための、豊かだけれど最低限の家

『Mitani Hut』は通りがかりの人からは、人が住んでいるように見えないくらい小さく、さりげない表情をしています。新築ではなく、もともとあった倉庫の改築でしたが、中村さんと僕は小屋好き人間でしたので、「人ひとりが暮らすために必要な」最小限住宅をつくることに、大変興味をもって望むことができました。小さいからといって狭苦しいのや、貧しい感じは嫌でした。簡素ではあるけれど、豊かさや心地よさは十分感じることのできる家でありたいと思ったのです。

　できあがった八坪ほどの生活空間は、家というよりやはり小屋暮らしといった方がぴったりくるほどの大きさでした。人が暮らすのに必要な「食う寝るところ、住むところ」がぎゅっと詰まってひとつになった空間という感じです。

　最近の家は遮音や気密性の性能が高められていますが、小屋では壁の向こうの外界の気配を強く感じます。風や雨脚の変化もじかにわかるのですが、それは自然と暮らしが近くにある、ということで

しょう。小屋にいると快適さを求めると失うものや、安全の蒲団にくるまれると見えなくなるものもあることを感じます。急な夕立にあって逃げ込んだ小屋では、雨風をしのぎ外敵から身を守ってくれる、屋根と壁があるという基本性能のありがたさをあらためて感じることでしょう。小屋暮らしでは、大きな家で羽を伸ばす心地よさはないかもしれませんが、それとは別に住居が人間に保障してくれる最も原初的な「安心」が、簡素なだけよく感じることができるように思います。

また小さな家に住んでいるとずいぶんストイックな暮らしをしている、と思われがちですが、実はそうでもありません。町に飲みに出たり、買い物をしたりも僕は大好きです。ただ機能本意の、無駄のない道具のようなこの小屋に暮らしているうちに、どこかでそれが自分に影響している、と思うことがあります。なんというのか、余分なものが身に付きにくいように「しつけ」てくれている、そんなふうな感じをもつことが。（三谷龍二）

断面図

縮尺 1/100

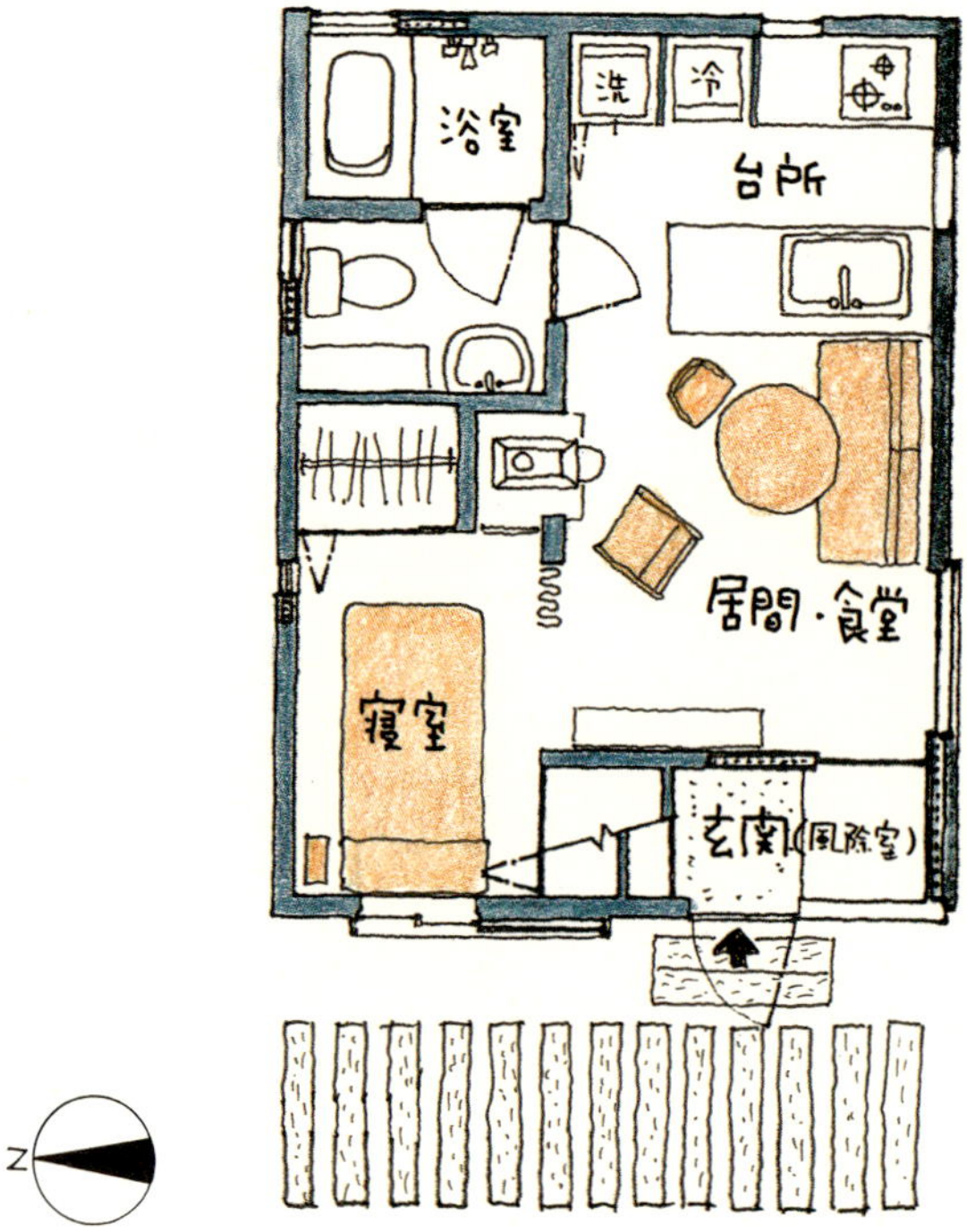

平面図

リンゴ畑
三谷さんの
仕事場
PERSONA
STUDIO
Mitani
Hut
松の木
1995年ごろの
Mitani Hut
道路

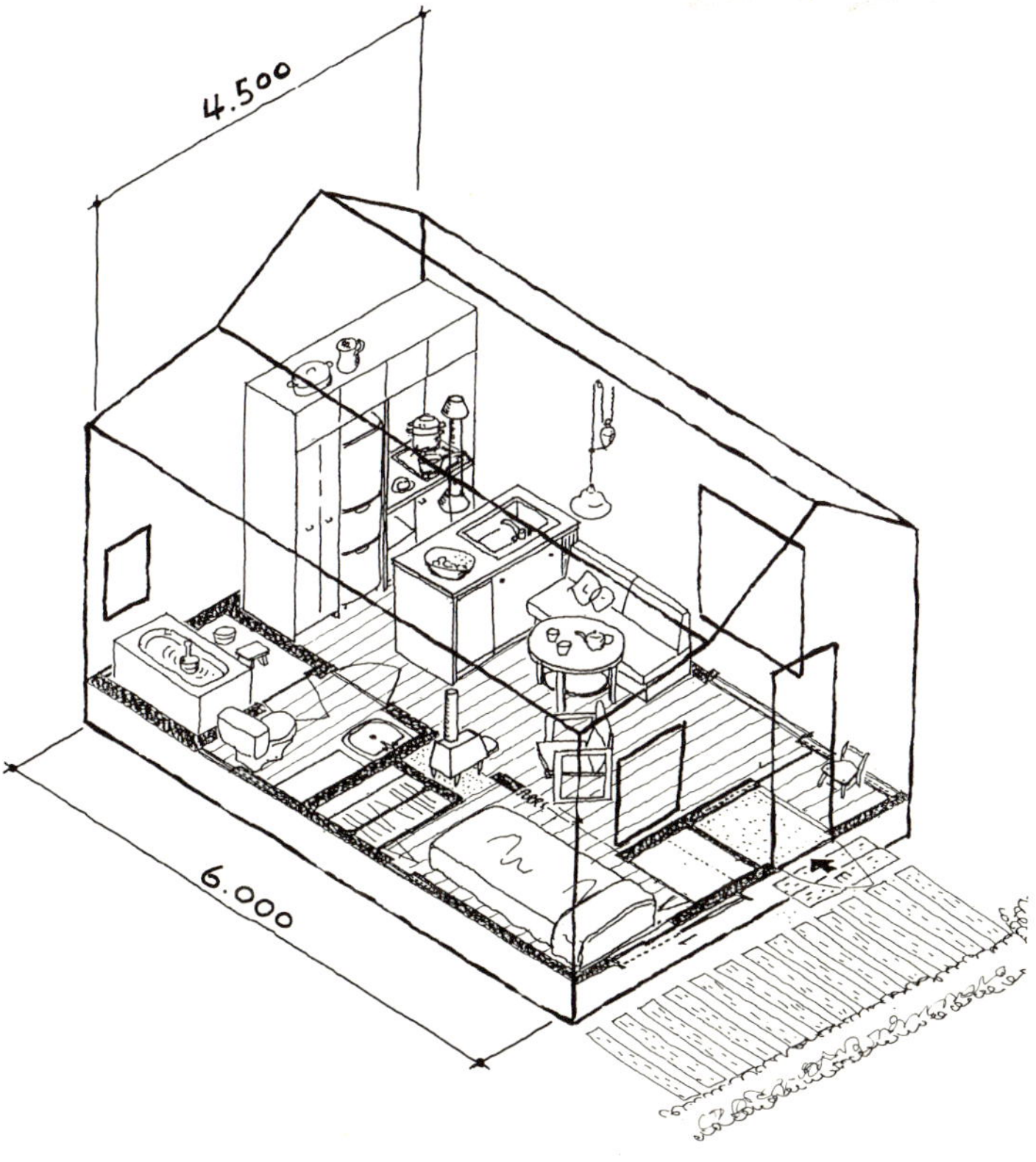
4.500
6.000

風化したドアと、手擦れで磨かれたドアノブ。どちらも時間が経ち、古びたときに美しくなる素材でできている。まえがき「エンケルとパティーナ」に書いた「Patina」とはこういう風合いを指す言葉である。

小さな小屋の最小限の玄関。居間との間は引き戸で閉ざすことができる。一種の風除室なので、ドアを開けたとたんに家中の様子を見わたす視線を防ぐこともできる。

コックピットのような台所は三谷さんの身体と動作にすっかり馴染んでいて、目をつぶっていてでも作業できるように見受けられる。
左頁／天井に露出している梁は材料小屋だったときの構造材。「これはこれでなかなか綺麗だね」「いっそ、塗装してそのまま見せちゃおうか」と、そんな会話が交わされて、めでたく陽の目を見ることになった。

寒冷地の松本に暖房は欠かせない。さいわい三谷さんは木工作家で、木っ端はふんだんにあるので薪には不自由しない。暖房効率を最優先して三谷スタイルのシェーカー型の薪ストーブが製作された。カーテンの陰には、寝室の足元から暖炉の熱気を取り入れる開口部が設けてある。

ひとり用の寝室にはどこか修道院の僧坊の面影がある。三谷さんとは何度もフランスやイタリアの教会と修道院を見学する旅をしてきたから、どこかそんな気分が反映しているのかもしれない。

何年も前に建てた家を訪ねるのは、ちょっとした勇気がいる。愉しみと不安が相半ばするのである。どんなふうに住まわれているだろうか？　使い勝手や居心地に破綻をきたしていないだろうか？　可愛がってもらえているだろうか？　直さなくてはいけない不具合はないだろうか？　そして、ドアを開けた瞬間、目の前にこの写真のような情景が広がってくれたら、肩の荷が下りる。

あの町この町、日が暮れて、小さな家に暖かい灯がともる。どんな住宅が設計したいですか？　と聞かれたら「夕闇が迫ってきたら、帰りたくなる家……」と応えたいと思う。

[Mitani Hut]

独立して細々と住宅設計の仕事をはじめて四年ほど経ったころ、自分の仕事がいったいどんな位置にあるのかが気になってきました。書店に並ぶ建築雑誌にはひととおり目を通していましたが、掲載されている華麗な作品群と自分の仕事を比べると、どうも様子が違うのです。はっきり言うと私の仕事には、「覇気《はき》」と「衒気《げんき》」が足りません。「俺が、俺が！」や「どうだ、どうだ！」が、決定的に足りないのです……と思いつつ、一方で覇気や衒気ばかりが建築ではなかろう、という思いもないわけではありませんでした。そこで、なんとか自分らしさが表現できたと思える、いわば自信作の住宅を発表して「こういう住宅もアリですか？」と、世に問うてみようと思いました。ただ、そのころこちらはまだ三〇代半ばの無名建築家でしたし、雑誌社にもち込んだのは木造校舎のように質素な住宅でしたから、相手をしてくれた若手の編集者は、新奇性も話題性もないその住宅にまったく興味を示さず、掲載に関しても曖昧に言葉を濁すだけでした。そしてほぼ半年経ったころ、遠慮がちに問い合わせの電話をすると「では、とりあえず撮影だけしておきましょう」ということで撮影してくれましたが、また、それっきり。さらに半年以上が経ち、こちらもさすがに掲載をあきらめたころ、なぜか、突然、風向きが変わって話が進み出し（たぶん私のもち込んだ住宅は頁に穴があいたときの補欠要員だったんでしょうね）、ようやく掲載に漕ぎ着けたのでした。

こうして初めて雑誌に掲載された、私にとっては記念的な住宅が「三谷さんの家」でした。当時、この雑誌には前号に掲載された作品を三人の評者が批評する「月評」という頁があり、評者のひとりに故・村松貞次郎先生がいらっしゃいました。その村松先生が『三谷さんの家』を「群鷺《ぐんろ》の中の白色レグホン」と評してくれました。わかりやすく言いますと、この住宅が「白鷺の群れに混じった一羽のニワトリのようだ」というわけです。私は、この卓抜な寸評を読んだ瞬間、そのユーモラスな情景を想像して思わず吹き出してしまいました。

ところで、その「三谷さんの家」のほぼ十年後に、三谷さんがひとり暮らしするための小屋が完成しました。『Mitani Hut』と名付けたこの建物はもとは物置だった小屋を増改築したものですから、延べ床面積わずか八坪。今度はニワトリどころではなくヒヨコサイズの建物でした。でも、実を言うと私は、かねてから独居自炊の暮らしにひそかな憧れを抱いていましたから、この設計には並々ならぬ意気込みで取り組みました。鴨長明の方丈、ヘンリー・D・ソーローのキャビン、高村光太郎の炭焼き小屋……古今東西を見わたすと魅惑的な独居自炊の小屋の系譜があります。できれば、その系譜の末席に『Mitani Hut』を加えたいという大いなる野望を抱いたのです。

美術館の中にしつらえたすまい

「あの建物と間取りも大きさもまったく同じでいいので、建ててもらえません？」

『museum as it is』からの帰り道、亡くなった日本画家の岡田伊登子《いとこ》さんはいつもの静かな口調でそう言いました。天井の高い大きな展示室をメインのアトリエにし、二階の小さな展示室は小品のためのアトリエにするのだそうです。二階から下のアトリエ全体が見わたせるので、制作中の大作の出来具合を見るのに好都合とのこと。吹抜けを挟んで小展示室の向かいにある二階の居住スペースには台所はもちろん、洗面も浴室もトイレも付いているし、押入れのほかに大きな物入れまであるので、ひとりコンパクトに暮らすにはもってこいの建物……というのが岡田さんの話でした。その言葉を鵜呑みにして、まったく同じ建物を建てるわけにはいきませんが、彼女がどんなアトリエ住居を欲しがっているのかは、私にもはっきり理解できました。同時に、美術館として建てた『museum as it is』の建物がそのまま住宅になりうることに気付かせてもらったのです。『museum as it is』の建物を住宅に見立ててご覧いただこうという展覧会の趣向は、そんな岡田さんとのやりとりがヒントになって実現したものです。こう書けば、住宅と別荘の本にあえてこの美術館を収録した理由もおわかりいただけると思います。

museum as it is

調和の取れた関係が、
美しさを生み出す

僕は美術館をつくりたいという思いをずっともっていました。あるとき町が文化的な施設に対して土地を提供してくれることになり実現に至りました。

納屋や倉庫みたいなものが欲しいと思っていましたので、中村さんには西アフリカの建築の本や韓国の草家の本をわたして、土壁のシンプルな家が好きだと話しました。彼の住宅は都心ではすごく快適ですが、地方の美術館なのでもう少しざらっとしたものをつくってくれないかと、それ以外は話しませんでした。その先は建築家の仕事です。建築家が四〇年間かけて旅行して得たことや、映画を観たり、本を読んだり、酒を呑んだりしたことなど、もっている経験のすべて出してくれるわけです。それをうまく出してもらうためには、僕が何も言わないことが一番ではないかと思ったんです。

僕は建築はできあがった時点で半分なんじゃないかと思っているんです。後の半分は使い手やそこに住む人たちが受けもつわけだし。竣工後はこっちに任せてもらって、使いこなしてもっとよくしていくよって思いがありましたね。それとふたりの共通の思いとしては、山の中なので自然に対して謙虚な建物でなければならないということがありました。

僕が扱う品物、それ自体の力も、建築と同じように、半分しかないんだと思います。だけどそれらをある時ある場所に置いてやると、すごく力を発揮します。自然と建築物、建築空間と品物、品物とそれを見に来られる方とのバランスがよければ、そこはすごく居心地のよいものになるし、それが美しさだとこの美術館で気付かされました。この美術館が作品として主張して欲しくない。用途があって建築物が成り立っているわけですから。民芸の思想にすごく近いんだけれど、用途に忠実だということが美しさにつながっていくのだと思います。建築家というのは物事を大きく見る目と同時に道具屋と同じで細部を見る目ももっている。中村さんには大きな目で見ることをすごく教えてもらいましたね。（坂田和實）

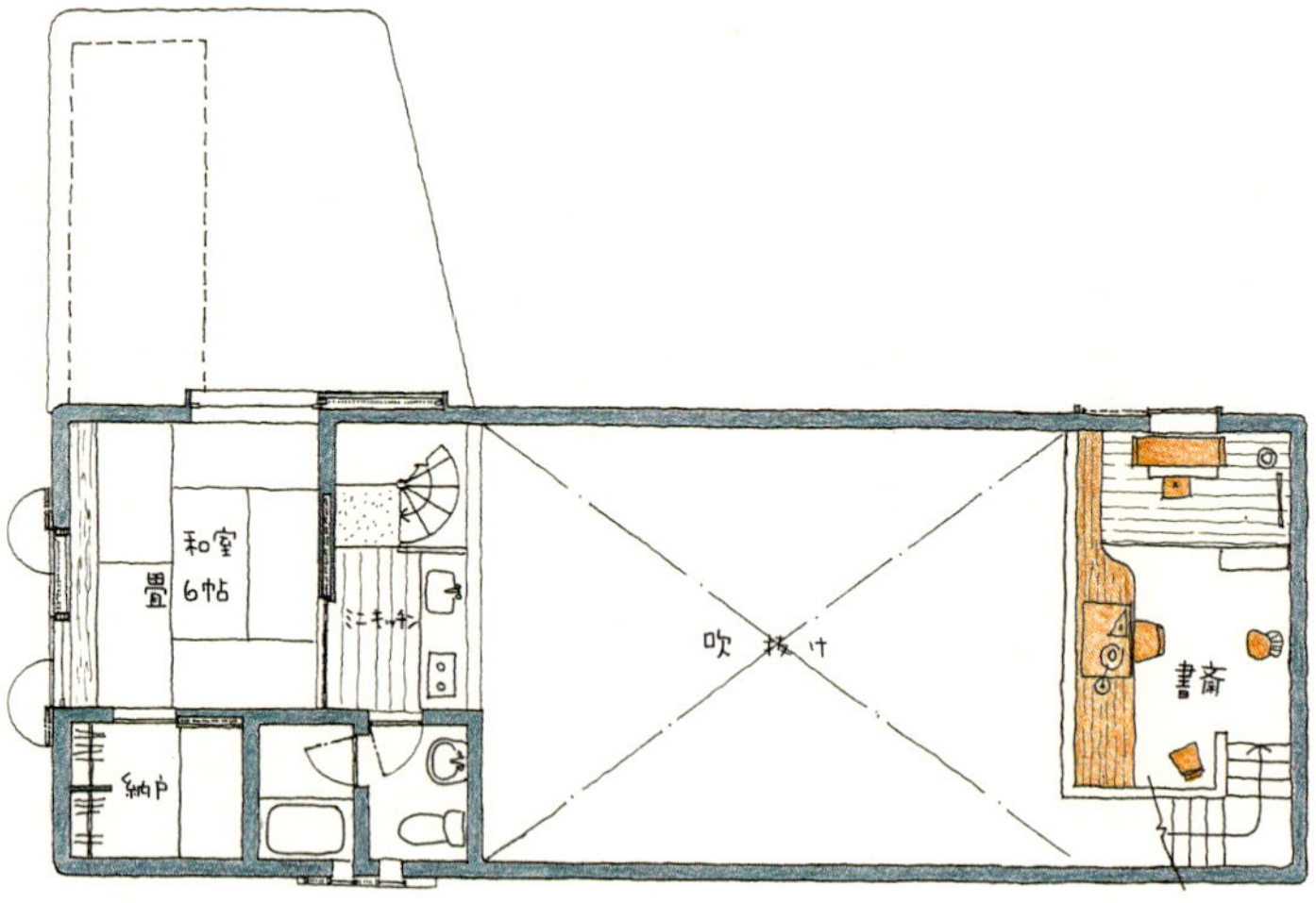

2階平面図

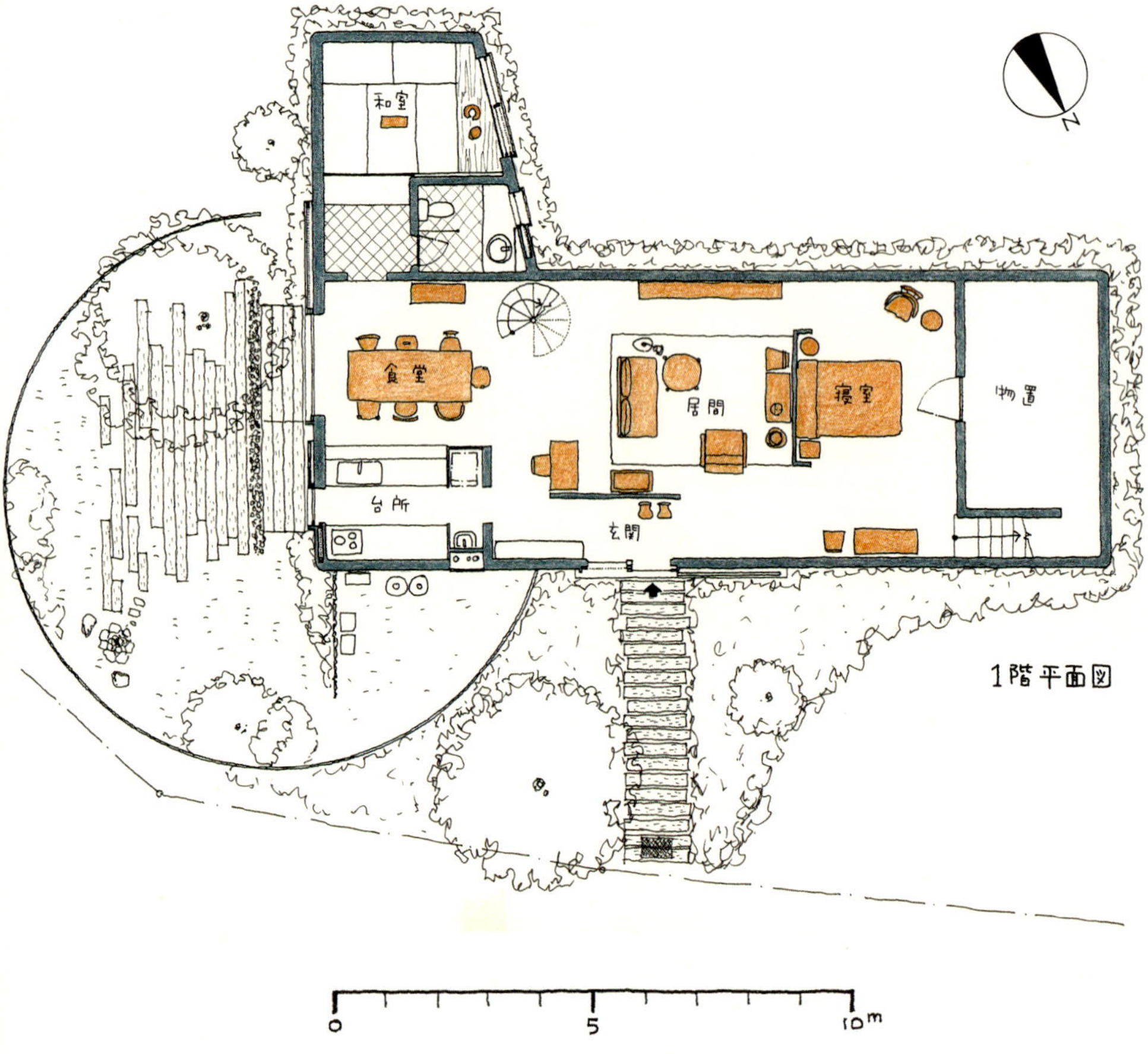

1階平面図

この美術館では数年前から「個人コレクション展」という企画展を開いており、私の展覧会はその3回目にあたっていた。美術館といっても、この建物は住宅的なスケールなので、私はここを自宅に見立て、私が長年愛用してきた家具や、身の回りにある愛蔵の小物、道具、オモチャのたぐいや、愛読している本などを運び込んで展示した。わかりやすく言えば、美術館の中に引っ越したのである。

展示してみてあらためて感じたのは、個人の所有物にはその人自身があますところなく投影されるということ。服装や持ち物を見るだけで「あの人は趣味のいい人だね」とか「あの趣味はちょっとねぇ?」などと言うぐらいだから、すまいにはもっとはっきりとその人の人となりが表れるものかもしれない。他人に本棚をじろじろ見られると、自分の心の内側を品定めされるようで心穏やかではない。展覧会の期間中、私としてはどこかソワソワした気分が拭いきれなかった。

［museum as it is］

『museum as it is』は東京、目白で古道具商を営む坂田和實《かずみ》さんの個人美術館です。その坂田さんとの付き合いについて話しておきましょう。坂田さんとは、最初は古道具屋の主人とその店に出入りする客の関係でした。しかし、店の雰囲気に惹かれて足繁く通ううちに、古道具の見方、正確には、新旧も、洋の東西も、出自も問わないモノそのものをありのままに見る見方を教わったのです……といっても、坂田さんは、人に教えるタイプじゃないので、こちらは坂田さんの選んだモノをひたすら見続けることでそのことを教わった、あるいは、学んだわけです。

それと同時に、実はこっちのほうが大事なんですが、自分らしく胸を張って生きる生きかた、自分がいいと思えば周囲の顔色なんか気にしないで、まっしぐらに生きることを教わりました。何より、坂田さん自身がそういう生き方をしているので、こちらは、そのシャンと背筋の通った姿勢を見ていて学んだわけです。当時、巷には「マイウェイ」という曲がよく流れていましたが「信じたこの道を、私は行くだけ、すべては心の決めたままに……」という日本語の歌詞を聴くたびに、おお、これこそ坂田さんのテーマソングだと思ったものです。

そして知り合ってから十六年目でしたか、坂田さんから「小さな美術館を建てたいんだけど、設計してもらえますか？」と打診されました。坂田さんはこういうところは妙に他人行儀で、長い付き合いのぼくに対しても決して馴れ馴れしい言い方はしません。ぼくが「お断りします」なんて言うはずないのを知ってるくせに。「せっかく建築家に頼むのに自分が余計な口を出したらもったいないので、もう、すべてまかせます。ナカムラくん、思うさまやって下さい」なんて建築家冥利に尽きる殺し文句も言ったりして、ぼくを大いに鼓舞しました。そのくせドゴン族の泥でできた集落の写真集とか、自分が佐渡で撮ってきた朽ち果てた納屋の写真なんかを「こうして欲しい」とはひと言もいわずに、何げなく手わたしたりするんです。サブリミナル効果を狙っているわけですね。そして、結果として、そのサブリミナル効果満点の納屋のような『museum as it is』ができました。

ところで、「まえがき」にも書きましたが『museum as it is』では数年前から「個人コレクション展」という企画展をやっています。この本に載せたのは「Come on-a My House」展というタイトルで開いた個展の会場風景です。この展覧会では、美術館を住宅に見立ててしつらえてご覧いただきましたが、もし展覧会を見てくれた人たちから「そうか、大らかでニュートラルな空間さえあれば、それなりの住宅ができるのなら、もう建築家は要らないな」なんて言われると、こちらとしては商売上がったりです。

座談会　中村好文の世界

三谷龍二（木工作家）
山口信博（グラフィック・デザイナー）

中村好文とはどんな建築家なのか、
中村さんがつくる建築の魅力とはなんなのか、
今の社会の中で、中村建築はどのような位置付けなのか。
古くからの友人ですまいづくりを任せたおふたりに
中村好文の世界観を語り合っていただいた。

施主と建築家の理想的な関係

編集部　私は編集者として、中村さんの作品は、ほかの建築家の作品集をつくる場合とはまったく違う紹介の仕方をしないと、うまく読者の方々に伝わらないんじゃないかという気がしています。おそらく中村ワールドというものがあって、それを紙面で伝えるのはとても難しい。しかし、それは確かにあって、それに共感する人たちが中村さんに住宅を頼む。その「中村ワールド」が結晶化されているものが『Mitani Hut』であり、『上総の家 II』じゃないかと思います。今日はその中村ワールドをおふたりに読み解いていただければと思います。

山口　子供のころ、男の子は必ず隠れ家をつくったりしますよね。そういうものに近いような、中村さんの中にある少年性の部分が『Mitani Hut』にはある気がするし、一方で、方丈記の鴨長明の隠居した老人の庵のようなところもある（笑）。だから少年の夢でもあるし、老人の夢でもあるような感じの家ですよね。三谷さんが老人だと言っているわけじゃなくてね（笑）。

三谷　僕があの家をつくるときは、たしか独り者として「ひっそりと暮らす最低限度の家」というような注文を中村さんに出したと思います。それにピタッと合っていますね。広大な敷地があるわけでもないし、改装だし、僕の予算にも限りがあったから、いろんな制約がある中でつくってくれたんですが、まずそもそもが小屋というものに対する思い入れがあったから、大きさは人ひとりが暮らせるもの。でもそれでいて不便だったり狭苦しく感じるのはいやだから、豊かさのほうも削らないで欲しかった。人が暮らすのに必要な最低限のかたちをつくってくれたと思うんです。

あとは、中村さんと一緒に観に行った絵の話などをしているときに、僕がフェルメールの窓から絞った光が入ってくる絵が好きで、ああいう光が入ってくる窓が欲しいなあという話をしました。

山口　三谷さんは中村さんとよく一緒に旅行をしていますよね。中村さんはサービス精神が旺盛だから、一緒にいるとけっこうよくしゃべってくれるじゃないですか。でも三谷さんと旅行するときは、普通の姿でしょう（笑）。いや、あれをずっとやっていたら自分自身も疲れるし、相手も疲れちゃうんじゃないですか。

三谷　僕と一緒のときはもう少し静かですね（笑）。

編集部　最初に一緒に旅行に行ったきっかけは？

三谷　僕が初めてイタリアに行くときに、中村さんがまるでツアーコンダクターみたいに、お薦めの場所についてかなりこと細かに教えてくれたんです。その旅行から戻って、「教えてもらった情報を頼りに行ったら、とても面白かった」という話をして、それ以来の旅仲間ですね。最初はパリに一緒に行ったと思います。

山口　僕は中村さんから三谷さんとの旅行について聞いたことがあって、「三谷さんはいてもいなくても気にならない人だ」と言っていました（笑）。逆に三谷さんにとって旅をするときの中村さんはどうなんですか。

三谷　彼はいつも原稿の締め切りをいっぱい抱えているから、旅行中もけっこう原稿を書いているんですよ。だから、僕が遊びに行っても、彼はどこにも行かないで原稿を書いていることが多いし、ご飯は一緒に食べても後は別々の行動をしたりとか。彼は早起きなんですが、朝僕が寝ているときは、騒がしくしないようにトイレにパソコンを持っていって書いたりとか、そういう気遣いをしてくれる。といっても、お互いにそれほど気を遣っているという感じじゃなくて……。たぶん、普段の暮らし方が似ているからだと思う。だからお互いそれほど気にならないんだと思います。

山口　でも、普通はそうやって気を遣わない間柄になるのに、すごく時間がかかりますよね。

三谷　それはそうですが、でも基本的に最初に会ったときから、設計の話はあまりしませんでしたね。自然といろんな話題で話が進んでいったように思いますね。山口さんは設計を頼んだとき、建築の話をしましたか。

山口　僕はシェーカーの写真集とチャールズ・グワスミーの建築作品集を持っていって、「こんな感じに……」と言って、あとは予算などの条件だけでした。こっちもあまり言わなかったし、中村さんもあまりいろんなことは聞いてこなかったですね。

三谷　そうでしょうね。最初の打ち合わせではこういう条件でという話をしましたが、それ以降会っても、ほとんど設計の話はしなかったという記憶があります。そういうことよりも、一緒に遊んだり好きな音楽や映画の話をするだけ。でも、そうした「好み」のベースが合っているか合ってないかということが大事だと思うんですよね。それが合っていれば、おそらく自分が望む住み方と彼がつくりたい家はどこかで共通してくると思えるから、あとはプロに任せたほうがいいという感じ。

山口　でも、これは今のように中村さんが売れっ子になる前ですから、そういうかかわり方で施主と建築家という関係がもてたのは、ある意味で理想的なかたちだったわけですね。

三谷　そうですね。僕の最初の家「三谷さんの家」（一九八五年）は、二年ぐらいかけましたから。そのころ中村さんは助手とふたりで仕事をしていて、階段ひとつでも模型をつくって検証したりとか、掃き出し戸のところに雨除けを付けるかどうかで一日考えた、とか言っていましたね。

山口　私も頼んでから二年か三年はかかったんですよね。だから、たぶん時間がかけられたという意味では、いい時期に頼んでいるのかもしれません。そういう中でスタディを重ねながら、中村さんは何かを積み上げてきたのかもしれないですね。

かたちになった「普通の家」

三谷　「三谷さんの家」が吉岡賞を受賞した際に、中村さんは「普通の住宅に対して評価がもらえたということが一番うれしかった」と言っていました。僕もそう思いましたね。完成したとき、「こんな家を求めている人はとても多いだろうな」と感じていたからです。見た感じとか写真ではなかなか伝わりにくいのかもしれないけれども、この家はみんなが欲しがっている家のかたちなんだなと思いました。だからその後、中村さんのところにたくさんの人が「建てて欲しい」と依頼にくるのは、本当によくわかります。

山口　一方で、ハウスメーカーのつくる普通の家と、中村さんの建てる家はどこが違うのかという問題がありますね。家を建てるということは、住む人にとっては夢の具体化みたいなところがあるし、ローンを抱えるわけだから大変な話でしょう。でも、ほとんどの人はハウスメーカーがイメージとして提案する家を選んでしまいますよね。

三谷　建築家に家を頼む頼み方がよくわからない、ということがあるような気がします。とくにハウスメーカーの住宅は最初からモデルハウスで確認できるから、車と同じように見比べられる。ああいうことが建築家の場合はできないですよね。だから、一般の人がハウスメーカーにいきやすいというのは、そういう点ではわかる気もする。今では建築家もよく一般の雑誌に出ていますが、あの当時はあまりそういうこともなかったと思いますね。

山口　三谷さんはどうして中村さんに設計を頼んだのですか。

三谷　最初は松本在住の建築家に頼んでいました。でも基本設計を見せてもらって何回も打ち合わせをしましたが、その建物がなんだか変なんですよ。

山口　どんなふぅに？

三谷　屋根が幾重にも重なっていて、それがなぜ必要なのか、僕には全然わからなかったわけです。そういうことをなぜここでやらなきゃいけないのか。とにかくゴチャゴチャした感じがしたんです。僕はその当時から小屋みたいな家が欲しかったので、どうしてこういうことをするのかなと思ったけれど、素人だから建築家にそんなことは言えないじゃないですか（笑）。そこで、僕は吉村順三さんの建築が一番好きだったので、せっかく一生一代の家を建てるのだから、この図面がちゃんと僕の希望に添っているかどうかを吉村事務所に見てもらおうと思って、家具作家の村上富朗さんにお願いして電話してもらったんですね。それで吉村事務所にその図面と、自分の住みたい家のことを箇条書きにしたもの、家族構成、僕が描いた小さい絵を持って行ったわけです。

山口　それは吉村順三さんに？

三谷　違う違う（笑）。村上さんは当時吉村先生の家具デザインの助手をしていた中村さんに話をしたんです。村上さんが中村さんをよく知っていたんだと思いますね。

山口　ああ、そうか。吉村順三に直接話をしたのかと思った。えらい大胆なことをするなあと（笑）。

三谷　とんでもない（笑）。もともと設計を吉村事務所に頼むなんて、思いもしていなかったから。そんな大それた、という感じがあるじゃないですか。

山口　ありますね（笑）。

三谷　だから別に設計を依頼しようと思って行ったわけではなくて、単に見てもらおうと思って行ったわけです。中村さんがちょうど独立するようなころだったと思います。中村さんは僕の描いたメモと図面を見比べて、「全然違う」と言ったんですよ。僕が描いた小屋のほうが面白そうだから、「こっちでやったほうがいい」と。それで中村さんがやってくれることになりました。僕には願ってもないことですよね。やっぱりどんな家ができるのかというのは図面が読めない人間にはわからないですよ。

山口　僕はデザイナーだから、プロに頼むということは、別にそれほど特殊なことじゃないし、プロに頼めば、グラフィック・デザインでいえば、色校正を含めて印刷監理も伴うので、質的にもよいものになり、結果的には安いと思いますね。

三谷　僕も、建築家に頼んだほうがずっといいと思いましたね。

山口　建築家はあらゆることをやってくれますよね。見積もりのチェックとか、かけるお金のバランスとか、これはボラれているとか……。

三谷　そうそう。そういう点をチェックして、ちゃんと設計料に見合ったことをやってくれている感じがします。だから建築家に頼んだほうがいいと思いましたね。

山口　たぶん普通の人は、どうやって建築家と接点をもったらいいのかがわからないんでしょうね。

三谷　そうですね。僕も実はある人から、「作家は普通の食器をどうしてつくらないんですか」と言われたことがあります。建築家にもこれと同じような質問をすることができるかもしれません。「どうして建築家は普通の家をつくらないのですか」と。「普通の家」というのは、ニュアンスが難しい言葉だけれども、みんな実感的にかなりはっきりとしたものをイメージとしてもっているんですよね。でもそれが伝えにくいし、そんな普通の家をつくってくれる人がどこにいるのかわからないというのもあるんでしょうね。それは強く思います。

建築家の存在を感じさせるデザイン、感じさせないデザイン

三谷　日本の場合は、建築家というとちょっと派手なかたちの作家的なものになりがちだし、器の作家も日本ではそうしないとなかなか食べていけなかったりする状況

がある。だから作家的になるか、あるいはお金をもうけると割り切って量産にいくか。そういうこともあって、両者の中間の部分が僕たち工芸の世界でも層が薄いんです。おそらく建築でも、中間のところが本当は一番みんなが欲しいはずなんだけれども、そこのところをやっている人が少ないんじゃないかという気がします。

山口 そのあたりで、ものをつくっている人は引き裂かれていますよね。

三谷 そう、引き裂かれます。それに中間派はちょっと中途半端にも見えますね。どっちつかずみたいな。作家は格好いいから、いいとなるともっと格好いいことをやろうと思ったりするし。そういう方向性が必ずありますね。

山口 でも、そういう格好いいものをつくりたいというのは、やっぱり人間だからあるわけですよね。中村さんの中にもあるんでしょうね。

三谷 中村さんにも、僕はあると思います。

山口 それは三谷さんにもあるだろうし、僕の中にもあるんだけれど、そこでどうつくり手として折り合いをつけるかという問題になってくる。

三谷 そうですね。中村さんは住宅から離れると、格好いいものをつくりますよ。

山口 たとえば、最近ではどういうものですか？

三谷 「素と形」展（松本市美術館、二〇〇四年）の展示構成とか。前からそう思っているんですが、展示をはじめると急に格好よくなる。ああいうことはやりたいんだろうし、やれる力はすごくあるんだと思います。一方で住宅をつくるときには、あえて切れ味をなまくらにするというか、意識的に鋭さを避けるという感じがありますね。

山口 なるほど。しつらえもうまいですよね。

三谷 うまいです。冴えていますよね。

山口 それとしつこい（笑）。

三谷 しつこいというのは？

山口　僕は「素と形」展のお手伝いに加わって、そのときの一部始終を見ているし、「伊丹十三記念館」をつくったときのあの執拗さというのは、本当に呆れたという感じ（笑）。

三谷　そうかもしれない（笑）。

山口　『museum as it is』での展示（「Come on-a My House」展、二〇〇八年）も、箱をあそこまで仕立て上げるというのは、すごい冴えたしつらえですよね。がらんどうの箱だって、しつらえによってすまいになるという逆説になっていた。そういうものをもっていながら人の家をつくるって、どうなんでしょうね。

三谷　住み手から考えると、「建築家がやったな」というものがあったりすると、住んでいてもわかるじゃないですか。

山口　わかりますね。住み手からすると、あれがずっと邪魔なんですよね。

三谷　邪魔ですね。その邪魔さというのは、いつまでたってもなかなか消えないんですよ。あれはないほうがいいという感じが僕らにはあって、おそらく中村さんもそう思っているんだという気がします。作品としては、「やった」という感じの仕上がりにしたほうが気持ちがいいし、自分としても満足感があるだろうけれども、中村さんは住み手のことを考えて、あえてそれをやらないのかなと僕は思います。

山口　でも一方で、ものをつくっている人は、それをやりたいじゃないですか。そこらへんは、中村さんの中でどうやって折り合いをつけているんだろう。

三谷　大人の考え方というのかな。たとえば青年期の鋭敏な感覚でつくられたものは、偏っていたり攻撃的だったり、無粋で貧相なものだったり。別の一面から見れば、欠点も多いものです。それが嫌いだったのではないでしょうか。だからそういう鋭敏な感覚を一度胸のうちに沈めた、客観性のある懐の深い態度、つまり大人の態度に魅力を感じたのではないでしょうか。そういう早熟というのか、大人びたところは、中村さんが強く影響を受けたという伊丹十三にも共通しています。中村さんは大人びた、という面が昔からありますよね（笑）。

三谷　僕は中村さんを三〇代前半くらいから知っていますが、そのころから大人びた覚めた感じがありましたよね。

山口　ある、ある（笑）。

山口　そうですね。そんなに簡単にケリがつくの？　というときがありますよね。

三谷　そうそう、そういうところがありますね。どういう経験からああなったかはわからないのですが、早熟な感じはしましたよね。それは伊丹の文章もそうですね。

山口　早くからちょっと老成した感じ。

三谷　若くして老成している感じは最初出会ったときからしましたね。

山口　それは吉村順三という建築家のそばにいたからなんでしょうかね。

三谷　どうでしょうか。ヨーロッパに何度も旅をし、向こうの精神を吸収したり日本の古い建物を見て歩いたり。それから昔からスタンダード曲やジャズを聴いたりしていたから、そういうところから大人の感覚を養っていったという気がします。「早くから住宅だけやると決めていた」と言っていましたから、自分の一生の仕事を選択したのも、ずんぶん早かったわけです。

最初に中村さんの家に行き、泊まらさせてもらったとき、「本当にこんな生活をしている人がいるんだ！」と思うような素敵な生活スタイルでした。今は彼のつくった家に住んで長いから思わないけれど、あの当時であの生活スタイルというのは、ちょっとビックリしましたね。

山口　具体的にそれはどういうこと？

三谷　とにかく真っ白い壁の部屋に大きなテーブルがあって、李朝箪笥とか、ジオ・ポンティやウィンザーの椅子があって、朝ご飯だと綺麗な彩りのサラダが出たり、おいしいパンがあったり。僕が田舎者だったというだけのことかもしれないけれど、ああいう生活スタイルはそれまでの自分にはなかったので、新鮮でしたね。

山口　僕は中村さんと同世代ですが、西洋的なライフスタイルに対する憧れみたいなものがあるんですね。一方で日本的なものもあるわけですが。吉村さんの世代の人たちは、近代的な建築観と日本的なものをなんとか融合させようと意識的にやっています。でも中村さんは、そこらへんがちょっと違う感じですよね。無理して日本的なことをやろうとか、日本風なことを何かしようというのは、そんなにないですね。

三谷　わりと早くからジーパンにTシャツというような生活をしていましたからね。西洋が普通にあったというか……。

山口　でも中村さんも千葉の田舎の出でしょう（笑）。どうしてそういうふうになったのかなあ。

三谷　ラジオで「FEN」などをよく聴いていたと言っていましたけど。田舎にいてもかなりそういう情報は入ってきていたんじゃないですか。

『Mitani Hut』は男の憧れ

山口　中村さんと出会ったのは、三谷さんにとっても幸運なことだったと思うし、中村さんにとっても、三谷さんと出会ったことは、すごく幸運なことだったんじゃないかという感じがしますね。

三谷　それはどういう意味でしょうか。

山口　両方で吸収し合っているという感じがします。最初からそういうものをもち合わせているふたりが出会ったのかもしれないけれど。木という素材で共通するものもあるし、師の吉村順三さんは山荘建築の名人だから松本という風土性なども。中村さんが最初に都市型の住宅からはじめたとしたら、たぶんもっと違う感じの家づくりをする建築家になっていたんじゃないかなという気はします。

三谷　切妻の小屋の絵を僕が描いて見せたとき、中村さんも小屋をやってみたいという気持ちが自分の中にはっきりとあったみたいですね。

僕には短い期間でしたが露天行商の時代があって、ほかにも山に登ってテントを張って一泊するとか、そういうころの感覚が体に残っていますから「小屋に暮らす」というのは、居心地がいいんですよ。普通の人だと不便とか居心地が悪いと思うでしょうが、意外と軽い緊張感があって、自然とのつながりもあるし、小屋とかテントに暮らすというのは居心地がいいと感じるところがあるんです。それで小屋のような絵を描いたんですね。中村さんは、アウトドア派ではないとは思うんですが、木登りをするとか少年の感じなのかな。樹の上につくる家とか、「トム・ソーヤの冒険」などにつながってくるような感じがありますね。

山口　そうですね。『Mitani Hut』を見ていても、アウトドア派の人の無骨さとか汗くささとか、そういうのはないですね。

三谷　ないですね。

山口　もっとファンタジックに見せたり、夢みたいな部分がちょっとありますね。だから、夕暮れどきの『Mitani Hut』の部屋に電灯が灯っている写真を見ると、なんだか胸がキュンとしちゃいますよね（笑）。

三谷　これはやっぱりキュンとしますね（笑）。家が佇む、このような姿は、一番好きな情景かもしれないですね。ここにはどんな人が住んでいるだろう、と思いますね。

山口　でも機能性はちゃんと備えていて、機能という部分ではコックピットみたいなところがあって、洗濯機、バス、トイレ、ストックヤード、ベッドが備わっているし、エキストラベッドも出せるようになっています。そしてそれらが完全に調和していますよ。

三谷　そうなんです。山の生活で欲しいものはみんなありますす。

山口　でも、それだけじゃないです。機能を充足させながら、何かがありますよね。それが何なのか。

三谷　ほどよい大きさということもあるような気がします。旅行鞄は必要最低限のものをまとめたものです。自分はこれだけもっていれば生きていける、自分の生活がすべてここにあるというのは、けっこう気持ちのいいものです。

山口　たとえばキャンプ道具とか軍隊用品というのは、機能がパシッと決まっていて男性的で、ある種の汗くささがあります。『Mitani Hut』もある部分、男性的な部分をすごく感じるんだけれども、中村さんの建築の中には女性的な部分もすごくあって、そのあたりが不思議な感じですよ。それは男性のロマンとファンタジーでもあるだろうし、女性のロマンとファンタジーでもあるみたいなところが。

三谷『Mitani Hut』を訪れる男性は、「こんな家が欲しい」と言う人が多いですね。それは女性よりも男性のほうがはるかに多い。やっぱり男性がもっている気持ちの何かがここにはあるみたいですね。うちの息子も「こういうところに住んでみたい」と言っていました。

山口　ほんと！　そうなんだ。まだ十代でしょう。

三谷　今二〇歳ぐらいです。木工家というのは男性のほうが多いんですが、だいたい無骨な雰囲気で、丸太小屋とかそっちの方向にいく人が多いんですが、僕はああいうのはあまり好きじゃなかったんです。木が好きだからといって、なんでも木でつくっちゃうのはどうかなというのがあって、やっぱり壁は白いほうがいいなと思ったりするわけです。

山口　「白い壁が欲しい」と、中村さんにリクエストしたんですか？

三谷　吉村順三さんの住宅が共通項だったから、「床は無垢板で壁は白」というのは、暗黙のうちに了解できている気がしていました。

これはやっぱり単身者住宅だからいいんでしょうか。女性はこの家は寂しいと言いますね。女の人ってこういうものが欲しいとはあまり思わないのかなあ？

山口　思うと思いますよ。女性だって、ひとりになりたいときがきっとありますよ。たまには夫や子供から離れてひとりきりになれる空間が欲しいと（笑）。

中村ワールドをつくっているもの

三谷　山口さんと中村さんの距離感というのはどのような感じですか。仕事でご一緒されていることは多いですよね。

山口　仕事は一緒にやっていますね。僕は一緒に旅行する相手じゃないという感じなんでしょうね。過去に絶交を二回していますしね（笑）。でもそうやって、双方で理解し合ってきたというところはあると思います。

僕が中村さんに初めて会ったころは、自分はこんなふうに一生懸命考えているし、住宅ってこういうふうにあるべきだと思っているのに、世間から受け入れられてないということも含めて、何かすごく焦燥感があったように思います。

三谷　三十代のころはそういうところがありましたね。誰でも、モノをつくる人はそうですよね。自分のやっていることが、社会となかなか接点を見つけられない時期はかなりつらいものです。

山口　つらいですね。さっき老成したという話がありましたが、受け入れられないことに対するイライラみたいな、若者らしい感情もあったかなと思うし、それは僕自身の中にもあって、そういうところでお互いにカチンカチンときちゃって（笑）。でも、『住宅巡礼』（新潮社刊）を出版して世の中に広く受け入れられるようになり、そういう部分が満たされてきてからは、かなり安定してきたのではないでしょうか。

三谷　そうですね。

山口　それはすごくよかったなと思いますね。そういう時期を知っている身からすると、このごろすごくいい人になってきたと思います（笑）。満たされてきたわけですから。これからが本当の意味で新たな正念場なんじゃないかなという気がします。脇から見ていて。

三谷　中村さんはかなり興味の幅が広い人ですね。どれについても本気で好きなんでしょうね。料理も歌も好きだし、旅行も好きだし。忙しいはずなのに仕事以外のところでもがんばっちゃうというのは、本当に好きだからだと思います。仕事に直接結びつかないようなことも、かなり興味をもってやっていますよね。その全体なんでしょうね、あの人の建築というのは。

　絵が好きな人だったら絵の話をしたらすごくわかってくれるはずだし、音楽が好きな人が住宅を建てるときには音楽の話もできるし、それはとても大切なことかもしれない。住み手のもっている考え方や感じ方を建築家が理解してくれているというのは、依頼した者にとっては大きな信頼感となるんじゃないかと思うんです。中村さんはそういう建築以外の理解というのが広くあると思うし、自分の中にある音楽的なもの、料理的なものを、必ず住み手の気持ちになって、自分がそこに立ったらどうするだろうと考えて、建てていますね。その肌理の細やかさみたいなものが、普通の建築家よりかなり生活的で深いんじゃないかという気がします。それが女性的といえば女性的なところなんでしょうね。男性だとそれがないんですよ。

山口　そうですね。もっとざっくりと捉える。

三谷　ざっくりと理念とか思想とか、目的みたいなものとか、そういうもので捉えますね。中村さん的な人は木工の世界でも少ないですよ。木工家の多くは木工を仕事にするとか、田舎暮らしがしたいとか、大きい目的ははっきりしているけれども、その先はあまりないというか、具体的な暮らしには興味がない人が多いように思います。中村さんはそうじゃなくて、台所に立ったらそこでどうするかといろいろ考える。だから家事の小さなことまで気付くんだと思います。

山口　普通、建築家は「建築」しかないんですよね。グラフィックのデザイナーでも、「デザイン」しかないという感じの人が多いです。中村さんがいろんなことに興味をもつのは、それらが建築家にとって必要なことだからではなく、建築家になる以前から幅広く興味をもっていたということでしょう。

三谷　そうでしょう。それで自然に「住宅」に向かったんでしょうね。

自己表現でも商品でもない建築

編集部　先ほど三谷さんから、中村さんが「普通の住宅が評価されたことがうれしい」とおっしゃったというお話がありましたが、中村さんの「普通さ」というのは何なのでしょう。みんなが中村さんの家に求めている、その「普通さ」というのは。

三谷　先ほども少し触れましたが、僕は「三谷さんの家」が完成してみんなが集まったときに一番思ったのは、この家に住みたい人は世の中に多いだろうなということなんです。それは潜在的にみんなが思っていることで、それを中村さんがかたちにしたということだと思います。

作家がこういうものがつくりたいと思って仕上げたものじゃなくて、社会の中にももともと潜在的な欲求としてあったもの、でもまだかたちになっていなかったものをかたちにしたんだと思うんです。それが「建築的」にどうかは僕にはわからないけれども、とにかくこういう「普通にいい家」に住みたいという人はたくさんいるということは強く感じました。そういう生活者の間にある潜在的なものを感じ取るという感覚が、中村さんにはあるんだと思います。社会の中ではなかなか目に見えないもの、それにかたちを与えることを仕事にしているという面があるかもしれません。

山口　日本に建築家という職業が現れたのは近代ですよね。それ以前は、自分で建てたり大工さんに建ててもらったり、石工の人に何かやってもらって、おのずと出てきたかたちがあったわけです。それが近代になって、建築家が表現としてデザインをするようになってきた。だからもしかすると、今の時代が特殊なのかもしれない。そこで切り捨ててしまったものが実はたくさんあって、もしかしたら昔の人は、そういうことを大工さんと相談したり左官屋さんと相談したりすることによって、結果的に自然なかたちになったのかもしれないですね。

三谷　大工さんなどは素材のこともよく知っているだろうし、どうつくればいいということを知っているわけだから、その土地で長く使われた素材でつくれば自然に無理のない家になるんだと思います。

山口　その中には、その地域の風土に合った、伝承された人々の知恵とか無意識みたいなものが当然入っていたわけで、だから自然と「普通」だったんでしょうね。それがあるときから建築家が現れたり、ハウスメーカーみたいな企業が出てきて、オランダっぽい家をつくってみたり、アメリカの植民地みたいな家をつくってみたり、どんどんユネスコ村みたいになっていく（笑）。そういう意味では、中村さんは真っ当なのかもしれません。

三谷　短い時間で家のつくり方は急速に変わってきたけれど、また元のかたちに近いところでやろうとする動きが出てきているのかもしれないですね。近代以降は家というものを商品にしてしまったり、自己表現にしてしまったところがありますから。

山口　そうですね。表現と商品。

三谷　本当はそれと関係ないところに住宅というものがあったわけです。家が商品になったという大きな流れに抗して、中村さんは消費やファッションとは違ったすまいのかたちを考えていたのだと思います。しかも現代の暮らしに合ったかたちにして。たとえばたくさんのものを見ていて、おいしいものも食べ、デザインにも興味がある。ある程度知的なこともわかっているし、おしゃれも知っている。そういう人たちが心地よく暮らせる住宅がなかった。自己表現したい建築家の家はちょっと違う。もうちょっと「普通」で気持ちにピッタリくる家のかたち。そこのところを中村さんは、「住宅はこういうものだよ」と言ったんだという気がします。

山口　でも建築界で見ると本流にはならないんですよね、そういうのは。

三谷　と思います。昔からやっていることだから。昔の石工とか大工などとあまり変わらないところで、腕のいい棟梁みたいなものでしょう。だから派手さはない。でも、そういう建築家が今は少しずつ増えているんじゃないですか。どうでしょう。

いやなものが何もないのがいい建築

編集部　ジャーナリズムでは、そういう建築家たちは取り上げにくいんだと思います。やっぱり作家性が強いほうがわかりやすいですから。中村さんの建築は、その場に行かないと、あるいはそこで暮らさないとわからないよさがあると思うんです。それが本をつくったり写真を撮って伝わるかというとなかなか難しい。でも何か琴線に触れるものがあるから惹かれるわけですね。

一般的には「これが理想ですよ」と宣伝されたハウスメーカーの商品に憧れをもってしまい、そこでどういう生活をするかということではなく、それを所有すること自体が夢に変わってしまう。

そこで、実際に住まわれているおふたりに、中村さんの建築で暮らすことの豊かさについてお話をうかがえればと思います。というのは鎌倉の山本さん夫婦は、「家を建てちゃったらほかのものはいらない、欲しいものは全部手に入った。ここでひっそりと暮らしていればそれだけで充分」という感覚をもっていらっしゃる。中村ワールドには豊かさゆえに、けっこう危険なところもあるのかなとも思うんですが……。

三谷 『Mitani Hut』は、あまり物質欲が満たされる感じではないですね。基本的には簡素だから。足りないものが多いですからね。足りないものを少し残すというのも大事なことですよね。

編集部 中村さんの住宅は、かたちだけをつくっているんじゃないような気がしますね。暮らし方とか生き方でしょうか。たとえば山口さんの「上総の家Ⅰ」（一九九二年）では、お父さんの家と息子の家との関係にまで踏み込んで、親子間の心地よい距離や空気みたいなものをつくっているように思います。

三谷 『Mitani Hut』も、「三谷さんの家」との関係性の中で建っている感じがしますよ。なんとなく離れに住んでいるみたいな。

山口 なるほど。私は家を建てて十八年経つんですが、不思議と飽きはこないですね。

三谷 それはけっこうすごいことかもしれませんね。僕も『Mitani Hut』に十五年住んでいますが飽きがこないですね。それがあたり前のように普通に暮らしています。

山口 飽きがこないものをつくるというのは、すごく難しいことですよね。われわれはいつも流行に惑わされていますが、中村さんの住宅は流行と不易ということで言えば、不易みたいなところに届いているから、ということになると思うんですよね。

編集部 中村さんは商品としての家を開発したりデザインする人たちと違って、家の本質とは何かということを押さえていらっしゃると思うんですね。家の本質というのは、それぞれ家族によって違うんだろうけれども、でもどこかで根っこはつながっている。それが中村さんのデザインの、いわゆる中村テイストであったり、さっき女性的だとおっしゃった部分であったり、でも一方で飽きがこない男性的な何かをしっかりもっているんじゃないかと思います。

そのために、中村さんご自身が、「別にコンセプトなんてなくてもいいんだ」、「ぼくはデザイナーじゃない」という言い方をよくされますが、でもやっぱりデザインはされているわけですね。そのデザインの領域は、普通のデザインという感覚と違うところにあるように感じます。それでいて、遊び心をもっていろいろな仕掛けをつくったりというオチャメさもあるし。不思議な人ですよね。

三谷　「いやなものが何もないということがいい建築だ」という言い方していました。

編集部　いやなものというのは？

三谷　目についていやだなと感じる、意図や主張が目障りになっていない、ということでしょうか。

山口　ホテルもそうですね。すごく気持ちのいいホテルというのは、いやなものがないホテルですね。掛けてある絵がいやだなとか、ベッドがいやだとか、照明器具がいやだなとか……。

三谷　でもほとんどのホテルがそうですね。日本の旅館に行っても、いいと思うところはほとんどないですよね。必ずいやなものがあるんですよ。

山口　そうですね。目に障る、目障りなものがある。

中村好文の建築の語り方

編集部　普通、建築を語るときはいろんな言語があると思うんですが、建築の世界だと幾何学を使って話してみたり、あるいは空間の配列とか構成という問題で建築を説明するとか、あるいはプロポーションが非常に大切だとか、いろんな表現があるわけです。ところが、中村さんの建築をそういう言葉で語る人があまりいないんですね。それ以前に、みんなが「いいよね」、「気持ちいい」というところで終わってしまって。その裏に幾何学があって、プロポーションがあったりと普通はいくんだけれども、なかなかそういうふうにいかないところがあります。

三谷　でも納まりはいいんじゃないですか。

編集部　ディテールですね。ディテールとか素材の扱いがいいというのはもちろんありますね。

山口　でも建築家だから、明らかに幾何学があると思うんです。『上総の家 II』のプランは完全に正方形だし、先日フェンスをつくってもらいましたが、完全に円弧ですものね。建築家がもっている幾何学的な思考はあるんですが、それが表に立ってこない。

編集部　それが説明するときのメソッドにならないわけですね。中村さん自身はモデュールやプロポーションを意識しているけれど、説明には使わない。それらの操作で自然と心地よさに結びつくようにしているのでしょうか。

三谷　そういう説明を本人はまったくしないですね。嫌いみたいですよ。

編集部　施主には説明しなくても、建築の内向けにはそういう言葉を使ったりする人がいますね。内向けにもそういう言葉を基本的に使わないでしょう、中村さんは。

三谷　どうしてでしょうか。「伊丹十三記念館」の展示で、鉄板を曲げて、ヨーロッパ車の車体塗装を施した真っ赤な幾何学的な展示がありますね。ああいう造形的な才能があるのに、家の設計の際にはもってこないのはすごいですよね。

山口　あれはクルマのボンネットのイメージなんですよ。でもディテールの中に、「伊丹十三記念館」でいえば、手摺りの端のところにくにゃっというかたちが出てきたりしますよね。『目黒の家』の階段の手摺りにもカモの口先みたいなかたちが出てくる。あのあたりはどうですか、三谷さんとしては。

三谷　中村さんは手摺りはすごく好きですね。非常に懲りますよね。あれは家具職人の横山浩司さんがいるからできるのかもしれない。家具はほかにつくれる人がいるかもしれないけれども、手摺りは横山さん以外つくれる人がいない。だから今のうちに弟子を育てるように中村さんに言われているらしいんですが、横山さんの技術を生かしてものがどこまでできるかやってみたいという思いもあるんじゃないですか。だから中村さんの中には作家表現的なものとは違うかもしれない、職人的な欲がちょっとあるんじゃないかなと思いますね。

中村好文はどこへいくのか

編集部　おそらく建築家だと、日本の場合は小さなものからはじまってだんだん大きなもの、パブリックなものを目指していくわけで、それがある種の建築家としての成功のパターンみたいなところがありますね。でも中村さんは、最初からそういう気持ちがないような、そんな世界で自分を競合させてすり減らすようなことはまったく意味がないというような、それこそ老成されている感覚をもっているようです。

　そういう立ち位置でずっとやってきた中村さんが、初期のころからだんだん自分の技を磨いていって、ますます磨きがかかったというか、どんどん作品自体が彼の中で進化している、あるいは新しい境地に向かっていると感じることはありませんか？

三谷　美術館とかホテルはやりたいと言っていますよ。

山口　図書館もやりたいんじゃないかな。

三谷　図書館はそうかもしれない。彼は本好きだから。そういう自分の趣味と近いところのものはやりたい気持ちはあると思うし、美術館でも小さい美術館がわりと好きだから、やってみたいという思いはあるんじゃないかな。

山口　このごろは「外断熱」とか「ペアガラス」とか、性能面でのグレードは上がってきていますが、中村さんの真骨頂は、予算がなかったりいろんな制約があったときに出てくるようなところがあって、そういう意味では、僕は最近は以前とは少し違ってきているのかもしれないなという気はしますね。

編集部　先ほど三谷さんがおっしゃったように、以前は建築家に家を頼む人はある美意識をもっている人とか、ある価値観をもっている人で、普通の人は建築家に頼もうという発想もなかったと思うんです。最近になって、それこそ普通の人が建築家に頼むようになりました。ですが普通の人はどういう家を頼んだらいいかわからない。だから、もしかしたら中村さんは、今の施主たちにどういう家をつくったらいいのかが描きにくくなっているのかもしれない。山口さんや三谷さんには明確なイメージが描けるけれども、ただハウスメーカーの家には住みたくないとか、マンションは買いたくないとか、あるいは気持ちよさそうだねというイメージだけで頼んでくると、中村さんはなかなか設計しにくいんじゃないでしょうか。

三谷　僕の家に『Mitani Hut』とか「三谷さんの家」と名前をわざわざ使ったというのは、その人のためにつくったという感じがあったと言ってましたね。テーラーじゃないですが、そういうことだと思いますけどね。

編集部　中村さんは、親密になっている施主のことを「自分の親戚みたいだ」とよくおっしゃいますね。「必要以上に親身になっちゃうんだよね」と自覚してらして、これ以上やっちゃいけないという線は自分の中でも押さえつつ、でもやってあげたいと思っているみたいな感じはありますね。

三谷　でも施主の住み方については絶対何も言わないですね。

山口　言わないですね。もし僕が建築家だったら「こんな住み方をされたら怒るぞ」という感じがある（笑）。しつらえてあるものの位置を直したいと思うだろうし、こんなカーテンをかけちゃってとか……（笑）。

三谷　どう住んでいても言わないですね。苦しいだろうなと思うときがときどきありますが、一切言わないように自分を律しているんですね。

編集部　それぞれの施主に自然と寄り添っていける懐深さを感じますが、基本的に中村さんは人が好きなんでしょうね。

三谷　それはそうですね。

編集部　住宅にはクライアントがきちっといますが、パブリックになればなるほど、誰のためにつくるのかだんだんわからなくなっていきますよね。そうすると抽象的なところで概念化していかないと説明できなくなったりする。中村さんは人に依れるところ、人に添ったデザインを行う感覚を本質的にもっていらっしゃる。それが不得手な人もいますよね。そういう関係の中でデザインをするなんてたまらないという人もいると思います。そういう対比的な世界があって、個人としての人を抜きにした建築面ばかりが近代というところで照射されてきたけれども、人に添ったデザインの建築もあるということを、これだけ中村さんの名前が知られて、これだけファンがいるということが実証しているのだろうと思います。でもやっぱり中村さんを説明するのは難しい……。

三谷　なるほどね。住み手側からいうと、わりとわかりやすいですが、建築的に説明するのは難しいんだろうな。

篠原一男・安藤忠雄vs中村好文

編集部　たとえば篠原一男《かずお》は中村さんの対極にいるのかもしれない。篠原一男の作品は、幾何学的な、真っ白で、暴力的なといってもいいし、あるいは非常にクールでリジッドな空間で、フォトジェニックですね。でも篠原一男の住宅も、三〇年経っても施主はみんな飽きることなく、そのまま住んでいたりするわけです。家具の位置も変えないとか。けっこう心地よいと言う施主も多いんだと思います。実際に行ってみると本当に気持ちよかったりするんですが、それは不思議な体験で、とても住めないだろうなと思いながら、けっこうそれでも住めたりする人間の強さというのがある。安藤忠雄の「住吉の長屋」も気持ちよかったりする。だから一概に言えないと思いますが、でもそういう回路とは違う、中村さん的なデザインの仕方がある。

山口　中村さんは物事をよく観察しているなと思います。『上総の家 II』では窓が引き戸になっていて壁に納まるデザインになっています。ですから、窓枠が消えて、完全な開口部になります。窓を開け放ったときの解放感はたとえようもありません。そして、ここが中村さんらしいところですが、一番外側が網戸、次にガラス戸、木戸（雨戸）、ブラインドという四層になっています。ですから、十八年経っても木戸（雨戸）がまったく痛んでいません。雨から家を守るには、木よりもガラスの方がいいにきまっている。それはその場の思いつきから生まれるものではなく、経年変化を含め、住宅を観察し続ける中から常識的な戸の順番を変えることが生まれている。そして、それが理にかなっています。普通というのは、常識的ということではなく、理が通っているということですね。常識から抜け出していて、大きな普遍に届いている創意と工夫のデザインだと思います。奇をてらっているわけではない。そういった配慮はさすがだと、暮らしてみて思いました。

編集部　そこで動く人間に沿ったデザインがあるんでしょうね。幾何学とか平面や断面などは静止した状態でデザインしますが、常にそこに人がどう動くかとか、あるいは歳をとったらどうなるかとか、人を中心に置いたデザインをしている。

篠原一男とか安藤忠雄は、どんな箱でも人間はけっこう強くてそこに合わせていける適応力をもっているという意識があると思うんです。でも中村さんは、もしかしたら人間はちゃんと守ってやらなきゃいけないものだという気持ちをもっているのかもしれません。人に対する認識が大きく違うのかなと。

山口　まったく違うのかもしれませんね。中村さんが、「ぼくの図面は、重ねていくとその家族のライフスタイルが見える」と言っていました。その家族の癖みたいなものもちゃんと読み込んで、全部図面に落としているんだそうです。「だからぼくのデザインはその家族の歴史なんだよ」と。人間工学みたいなものに加え、もう一歩踏み込んだものが重ねられている。それが中村さんの世界なのかな、特異性なのかなという感じがします。

住宅のひっそり感とわいわい感

編集部　もうひとつ、中村建築の中で面白いなと思ったのは、三谷さんが言われた「ひっそり住みたい」ということです。中村さんの建築は、ひっそり感とわいわい楽しくやるという両面があって、人のあり方にもそのふたつがあると思うんです。いつもひっそりでも悲しいし、寂しいし、いつもわいわいだと疲れちゃう。その両方が人間にあって、それがよくわかっていらっしゃる方じゃないかと思います。

三谷　そうですね、そういうところがありますね。

編集部　そういう感覚で家を建てる人は、あまりいないかもしれない。

三谷　ちょっとストイックなところが『Mitani Hut』にはありますからね。でも表現はもうちょっとやわらかい感じになっているし、両方がありますよね。

山口　最近中村さんの住宅にはこもる場所みたいなものが必ずつくってありますね。『ヒナカナハウス』でいえば、屋根裏に畳を敷いた読書室があったりとか。

編集部　先ほど三谷さんが小屋が好きだ、テントにはある種の緊張感があるということをおっしゃいましたが、「緊張感」という言葉が出たのが実は意外でした。中村さんの建築の中に緊張感というのはありますか。

三谷　簡素さがあるじゃないですか。その簡素さというのは、微妙に緊張感をはらんでいるという気がします。それを覆ってしまうと安心するけれども、覆うものがないだけ軽い緊張感が残るという気がします。そこは考えているんじゃないかと思いますね。『Mitani Hut』はお風呂場もわりと狭いんです。でもあんまり気楽になりすぎないというところがあると思います。中村さんは、そのほうが人としての居ずまいみたいなものが残っていいんだと思っているんだと思うんです。あまり野放図に楽にするということはしませんね。

編集部　『Mitani Hut』と『Lemm Hut』は、中村さんがやりたかったことの両極がある。その両方ともやってみたかったんだと思いますね。

三谷　小屋は、自分もいつか建てようと絶対思っていたんじゃないですか（笑）。

編集部　そんな感じがしますね。中村さんはコルビュジエが大好きで、『ル・コルビュジエ カップ・マルタンの休暇』をTOTO出版から翻訳出版したぐらいだから、コルビュジエが最後に行き着いた境地と小屋を通してつながりたいという気持ちがもしかしたらあったかもしれないと思うんです。

三谷　やっぱりコルビュジエは好きなんでしょうね。「ぼくのは八坪。コルビュジエは五坪ぐらい」と言っていました（笑）。

愛される住宅

編集部　一方で、山口さんの『上総の家 II』は住み方がどんどん変わっていますね。最初は弟さん一家が住んでいて、今はご友人とシェアしていらっしゃる。どういうふうに住まわれているんですか。

山口　「上総の家 I」のほうは僕ら夫婦と義父の家で、『上総の家 II』が義弟の家だったんですね。義弟はものがどんどん増えていったことと、東京への通勤が大変になってきて、とうとう彼が手放すことになったので、友人と三人で所有することにしたんですよ。今まで愛されてなかった家を、人が愛してあげることによってこんなに素敵になるんだと、あらためて思いましたね。今回、中村さんの設計した家を見せていただきましたが、やっぱりみんなが家を愛しているのが特徴ですね。愛されている家はやはりいいですね。

編集部　みなさん自分の家の自慢をするし、居心地のいい場所に案内して下さる。そういうよい住まい方をした経験のない人がどんどん増えているんでしょうね。昔は家を何十年ももたせていたし、家を中心に家族が一緒に暮らしていたとも言えるかもしれません。今は家が機能一方の寝るだけの場所になったり、即物的になったり、あるいは資産価値だけになったりして、家を誰も愛さなくなった。家を愛さない家庭で育った子供たちが家を愛せるわけがない。だから今の日本の住宅事情が全然よくならないのかもしれないですね。

山口　『Mitani Hut』の魅力は、やっぱり住んでいる三谷さんが愛しているからこその魅力だと思いますね。

三谷　よその家に行っても、施主が本当に家を愛していて、よく手入れして住んでいる家はいいなと思いますよね。住み手がどんどん変えている家はあまり好きじゃなくて、もともと建ったかたちをずっと守っている人の家のほうが、僕は好きですね。だから、そういうふうに僕も住みたいなと思っています。それは窮屈なことではなくて、楽しいことだと思いますね。

使って楽しめる住宅

山口　『Mitani Hut』を見ていると、男性だったらある共通項がもっているような、何かそそるものがあったりする。

三谷　そうそう、それがありますよね。

山口　男性は、中村さんの家のあり方自体にそそられると思うんですよ。女性は、こんな親切設計をしてくれたとか、こんなにやさしい感触でとか、そういう細やかな部分の集積にそそられるような気がしますね。究極は、先ほど言われた「いやなものをひとつもつくらない」ということですね。これはすごく難しいですよね。

三谷　難しいと思いますね。

山口　でも三谷さんがつくっている器も本当に目障りにならず飽きがこない。でも商品という側面も確かにある。商品だから、お店に並んだときに購買意欲をそそるようなことも要求されるわけですね。そこが難しいですよね。

　僕がやっている本の装丁の仕事でも、本屋さんの店頭にあるときには手にとってもらわなきゃならないから、商品の顔をしなきゃいけない。でも商品であり続けるのはほんのわずかの間です。買ってもらって本棚に入れられている時間のほうが長いわけですよ。そのあたりのバランスの取り方はすごく難しいですね。出版社の営業の人にはいつも、「文字が小さい」だの「派手じゃない」だのと言われるんですが（笑）。両者のバランスをはかるのはすごく大変ですね。

編集部　三谷さんと山口さんのお仕事は、消費社会と密接に絡んでいると思うんです。商品化住宅と言われて久しいけれども、今や住宅までデザインの対象になってしまって、商品になってしまった。そんな中「そうは言っても違うよね、住宅は」ということを言い続けているのが中村さんかもしれませんね。そこに対してひと言物申したいというスタンスをもっているんじゃないかなと思います。

三谷　中村さんの作品は見る建築というよりは、使って楽しめる建築だと思うんですよね。働き者にはすごくいいんじゃないですか、怠け者にはつらいけどね（笑）。かわいがったら、かわいがっただけ味が出てくるという感じがします。

山口　まさに使うということを、三谷さんは十五年間し続けているんですよね。そういう経年変化がここにはあるし、使っていくとどんどんいい感じになってくる。

仕事の関係でハウスメーカーの住宅をいくつか見ましたが、どの家に行っても奥さん主導で建てられた感じで、お父さんはムズムズして、居心地が悪いだろうなという感じでした。隅々まで奥さんの趣味になっていて、お父さんはなんにも言わなかったんだなあと。僕だったら家に帰らず家出しちゃうな（笑）。

編集部　奥さんの発言権が大きいんでしょうね。だから『Mitani Hut』に男の人は憧れるんですね。

三谷　「男の砦」みたいな感じですね（笑）。

『Mitani Hut』にて

秋谷の家

・所在地／神奈川県横須賀市
・家族構成／夫婦
・施工／クリエイトA
・構造／住宅：木造　アトリエ：鉄骨造
・規模／住宅：地上1階(ロフト付)
　アトリエ：地上2階
・敷地面積／467.9m²
・建築面積／
　住宅：67.62m²　アトリエ：69.56m²
・延床面積／
　住宅：86.90m²　アトリエ：95.65m²
・完成年／2004年12月
・担当／若林美弥子

明月谷の家

・所在地／神奈川県鎌倉市
・家族構成／夫婦
・施工／山洋木材
・構造／木造在来工法
・規模／地上2階
・敷地面積／398.60m²
・建築面積／52.40m²
・延床面積／104.29m²
・完成年／2007年3月
・担当／堀木三鈴

玉縄の家

・所在地／神奈川県鎌倉市
・家族構成／１人
・施工／山洋木材
・構造／木造在来工法
・規模／地上2階
・敷地面積／156.133m²
・建築面積／61.99m²
・延床面積／92.62m²（駐車場含まず）
・完成年／2005年12月
・担当／須藤直美

扇ガ谷の家

・所在地／神奈川県鎌倉市
・家族構成／2人
・施工／クリエイトA
・構造／木造在来工法
・規模／地上2階
・敷地面積／221.0m²
・建築面積／71.27m²
・延床面積／99.36m²
・完成年／1998年6月
・担当／須藤直美

久が原のすまい

・所在地／東京都大田区
・家族構成／夫婦
・施工／クリエイトA
・構造／プレストレストプレキャスト
コンクリート造
・規模／地上3階建ての2-3階部分
・延床面積／83.00m²
・完成年／2002年8月
・担当／須藤直美

目黒の家

・所在地／東京都目黒区
・家族構成／母親棟：1人
夫婦棟：夫婦＋子供2人（うち1人はすでに独立）
・施工／クリエイトA
・構造／母親棟：木造在来工法
夫婦棟：1階コンクリート壁構造＋2階木造在来工法
・規模／母親棟：地上2階　夫婦棟：地上2階（ロフト付）
・敷地面積／443.43m²
・建築面積／母親棟：74.55m²　夫婦棟：107.87m²
・延床面積／母親棟：102.32m²　夫婦棟：195.13m²
・完成年／母親棟：2006年3月　夫婦棟：2006年7月
・担当／菊谷志穂

Rei Hut

・所在地／栃木県那須郡
・家族構成／夫婦＋子供2人
・施工／ホンカ・ログハウス設計事務所
・構造／木造在来工法
・規模／地上2階
・敷地面積／661.00m²
・建築面積／51.60m²
・延床面積／84.65m²
・完成年／2001年11月
・担当／富永明日香

ヒナカナハウス

・所在地／北海道札幌市
・家族構成／夫婦＋子供2人
・施工／拓友建設
・構造／木造在来工法 外側断熱工法（SHS工法）
・規模／地上2階
・敷地面積／363.64m²
・建築面積／192.96m²
・延床面積／193.08m²
・完成年／2006年6月
・担当／新貝孝之

Asama Hut

- 所在地／長野県小諸市
- 家族構成／夫婦
- 施工／丸山技建
- 構造／木造在来工法
- 規模／地上2階
- 敷地面積／503.90m^2
- 建築面積／39.66m^2
- 延床面積／48.47m^2
- 完成年／2003年4月
- 担当／大橋園子

クリフハウス

- 所在地／神奈川県中郡
- 家族構成／夫婦
- 施工／クリエイトA
- 構造／木造在来工法
- 規模／地上1階
- 敷地面積／238.08m^2
- 建築面積／43.70m^2
- 延床面積／43.70m^2
- 完成年／2003年8月
- 担当／長谷川泉

Lemm Hut

- 所在地／長野県北佐久郡
- 施工／丸山技建＋レミングハウス
- 構造／
  コンクリートブロック造＋木造在来工法
- 規模／地上1階（ロフト付）
- 建築面積／母屋：49.98m^2
  風呂小屋：5.76m^2
- 完成年／母屋：2005年12月
  風呂小屋：2007年3月

上総の家 II

- 所在地／千葉県長生郡
- 施工／ナイキシバタ
- 構造／木造
- 規模／地上2階
- 敷地面積／330.96m^2
- 建築面積／40.81m^2
- 延床面積／70.42m^2
- 完成年／1992年12月
- 担当／佐藤重徳

museum as it is

- 所在地／千葉県長南町
- 施工／ナイキシバタ
- 構造／木造
- 規模／地上２階
- 敷地面積／747.0m²
- 建築面積／98.0m²
- 延床面積／138.0m²
- 完成年／1994年11月
- 担当／仲山哲男

葉山の家

- 所在地／神奈川県三浦郡
- 家族構成／夫婦＋子供２人
- 施工／山洋木材
- 構造／木造在来工法
- 規模／地上２階
- 敷地面積／302.64m²
- 建築面積／59.58m²
- 延床面積／100.24m²
- 完成年／2006年12月
- 担当／大橋園子

Mitani Hut

- 所在地／長野県松本市
- 家族構成／１人
- 施工／HINA大工舎
- 構造／木造在来工法
- 規模／地上１階
- 建築面積／27.12m²
- 延床面積／27.12m²
- 完成年／1994年４月
- 担当／丹羽貴容子

あとがき

数年前、TOTO出版の筏久美子さんから「住宅の本をつくりませんか?」と声を掛けてもらいました。願ってもないお話なので、間髪を入れず「ぜひ!」とお応えしましたが、その時は漠然とこれまでに設計した住宅から自分でも気に入っている住宅を選び出し「中村好文・住宅作品集」をつくることになるのかな、ぐらいに考えていました。独立したのが一九八一年なので、八〇年代、九〇年代、二〇〇〇年代、それぞれの年代から十軒ずつぐらいを選び出して時系列に並べれば、三〇軒の住宅と、三〇年という時間を通観することができます。こうすることで、私が住宅設計を通じて考えてきたことや、こだわり続けてきたことがなんだったのか、俯瞰的に見渡すことができるだろうと考えたのです。選び抜いた写真と図面で頁を構成し、そこに短い解説を付けた建築家好みのちょっと気取った作品集をイメージしていたわけです。

ところが、いざ作業に取り掛かってみると「どうもちょっと方向が違うな」という気がしてきました。いわゆる「作品集」が、どう考えても私の柄じゃないのです。そもそも私は「住宅作品」をつくってきたわけではなくて、なによりも市井の人たちのための実用的な「住宅」や「別荘」をつくってきたのですから「作品集」とタイトルに掲げると羊頭狗肉ということになってしまいます。そして、ふと立ち止まって考えてみて、その住宅というのも住み手との二人三脚的な関係でできあがっていたことに気付いたのです。そこで、この本は取り上げる住宅の数を限定し、住み手の人柄や暮らしぶりも垣間見ることのできる本にしようと考え直しました。

さて、そうなると生活感を綺麗さっぱり拭い去ったよそよそしい建築写真というわけにはいきません。この本には住み手の気配と温もりの感じられる写真のほうがふさわしいのです。カメラマンの雨宮秀也《あめみやひでや》さんはそうした意図を充分に理解してくれて、普段着の暮らしのあるがままを、ありのままに撮ってくれました。

ところで私は、なにげなく「二人三脚」という言葉を使いましたが、ひとつの仕事を完成させるために、たくさんの二人三脚の相棒がいたことに思いあたります。まずは、私とペアを組んだ所員《スタッフ》たち。これまでの仕事のひとつひとつを思い返すと、敷地の下見から完成引き渡しに至るまで、肩を並べて走った所員の顔と、その時々に交わした会話が鮮やかに思い出されるのです。あの所員でなければこの大らかな空気感を醸し出すことはできなかった、この所員だからこそこのディテールが生まれた、というように、それぞれの仕事にそれぞれの所員の能力ともち味が色濃く滲み出ています。

そして、まったく同じことが職人衆に対しても言えます。現場監督を含むすべての職人衆が私の二人三脚の相棒であり、私はこの相棒なしに仕事をやり遂げることはできませんでした。ここで、その相棒たちに心からお礼を言いたいと思います。

最後になりましたが、この本をつくってくれた相棒にもお礼を述べたいと思います。のんびり屋の私を長年にわたって辛抱強く叱咤激励し続けてくれたTOTO出版の遠藤信行さん、筏久美子さん、清水栄江さん。ブックデザインと装幀をしてくれたデザイナーの山口信博さんと大野あかりさん。私のわがままな注文にもめげず東奔西走し、この本のためにすべての写真を撮り下ろしてくれたカメラマンの雨宮秀也さん。相棒のみなさん、本当にありがとうございました。

二〇一〇年四月　中村好文

中村好文　なかむら・よしふみ

建築家・家具デザイナー
1948年千葉県生まれ。1972年武蔵野美術大学建築学科卒業。設計事務所勤務の後、都立品川職業訓練所木工科で家具製作を学ぶ。1981年レミングハウス設立。1987年「三谷さんの家」で第1回吉岡賞受賞。1993年「一連の住宅作品」で第18回吉田五十八賞「特別賞」受賞。1999年より日本大学生産工学部 居住空間デザインコース教授。著書に『住宅巡礼』、『続・住宅巡礼』、『住宅読本』、『意中の建築』（以上新潮社）、『普段着の住宅術』（王国社）、『Come on-a My house』（ラトルズ）などがある。

雨宮秀也　あめみや・ひでや

写真家
1959年東京都生まれ。日本大学芸術学部写真学科卒業。写真家梅田正明に師事後独立。陶器、漆器、家具など生活にかかわるプロダクトを主に撮影。中村好文デザインの家具「PERCH BENCH」を機会に本書掲載の『Lemm Hut』を撮影。そのまま中村建築に魅せられ本書写真を担当。2011年に中村好文の設計による自宅兼スタジオが完成。

中村好文　普通の住宅、普通の別荘

2010年5月20日　初版第1刷発行
2021年3月30日　初版第10刷発行

著者／中村好文
写真／雨宮秀也
発行者／伊藤剛士
発行所／TOTO出版（TOTO株式会社）
〒107-0062　東京都港区南青山1-24-3
TOTO乃木坂ビル2F
［営業］TEL. 03-3402-7138　FAX: 03-3402-7187
［編集］TEL. 03-3497-1010
URL: https://jp.toto.com/publishing
デザイン／山口信博＋大野あかり
印刷・製本／大日本印刷株式会社

ISBN978-4-88706-304-4